떡볶이 팔면서
인생을 배웁니다

# 떡볶이 팔면서 인생을 배웁니다

중요한 것은 어떻게든 살아내는 힘 　　　　떡볶이 사장 도 여사(도정미) 지음

RHK
RH Korea

살아내줘서 고맙습니다.
장사해줘서 고맙습니다.

# 인생 최악의 순간에 만난
# 달콤한 매운맛

"요즘 장사 어때? 얼마나 벌어?"

떡볶이 장사를 한다고 하면 제일 많이 물어보는 질문이다.

한 달에 천만 원 정도 번다고 하면 3천 원짜리 떡볶이로 그게 가능하냐고 놀란다.

정육점 하는 친구는 한 달에 돈 천만 원 벌기 힘들다며 남편은 배달대행도 시작했다고 한다. 아침 9시에 나가서 자정까지 밥도 거르며 하루에 15시간씩 일하는데 힘들다고 긴 한숨을 내뱉는다.

코로나가 휩쓸고 간 불황의 시대, 많은 사람들이 길거리로 나와 돈을 벌기 시작했다. 태권도장의 사범도 아이들이 오지 않으니 저녁에는 배달대행 아르바이트를 하러 왔다. 어떻게든 살아내려고 애쓰는 사람들, 그들을 보며 지나간 나의 모습이 생각났다.

불과 1년 전, 나는 연체와 독촉, 통장 압류까지 될 정도로 아침에 눈 뜨는 것이 두려웠다. 남들보다 더 많이 벌고 싶고, 더 빨리 벌고 싶은 마음에 가상화폐에 투자했다가 아파트 한 채를 날렸다. 다들 웃으면서 걱정 없이 사는데 왜 나만 이렇게 퍽퍽하기만 할까? 매일 남 탓, 세상 탓을 하면서 겨우 버텼다. 더욱이 마음은 조급한데 떡볶이 가게에 찾아오는 손님도 없고 나의 하루는 마른 수건을 짜내는 것처럼 바싹바싹 말라갔다.

더 이상 버틸 수가 없었다. 높은 곳에 올라가 이번 생은 끝났다며 포기하려고 했다. 마지막 엄마와 전화 통화를 했다. 가라앉은 내 목소리에 엄마는 무슨 일이 있느냐며 물었다. 나는 빨리 대답할 수가 없었다. "너까지 잘못되면 엄마도 따라 죽는다."라는 말에 나는 하염없이 울기만 했다.

내가 잘못한 것도 없는데 왜 세상은 나를 가만히 내버려두지 않느냐고 원망만 했다. 그때 엄마가 나에게 해준 말이 있다.

"어떻게든 살아야 한다. 사람은 사는 것이 아니라 살아내는 거란다."


그리고 너까지 잘못되면…이라는 말에 목이 탁 걸렸다. 8년 전 남동생이 나처럼 세상을 원망하며 스스로 목숨을 끊었기 때문이다. 그런데 나도 힘든 순간이 오니 똑같은 짓을 하고 있었다.

"아냐! 이건 아니다. 잘못된 것 같아."

눈물을 훔치며 신발을 다시 신었다. 지금 당장은 어디부터 잘못되었는지 알 수 없지만 무언가 잘못된 것은 맞았다. 그래, 전부 바꿀 수는 없지만 한 개씩이라도 바꿔보자는 마음으로 떡볶이 가게를 다시 시작했다.


나는 고등학교 앞에서 작은 떡볶이집을 하고 있다. 학교 앞이라 문을 열면 까르르 웃으면서 교복 입은 학생들이 찾아온다. 그리고 뭐가 그리 좋은지 깔깔대고 웃으며 떡볶이 국물까지 싹싹 긁어먹고 간다. 싹 비워준 그릇을 보면 우리 떡볶이가 맛있긴 한가보다 흐뭇하다. 오전 11시, '땡' 하자마자 오픈하기를 기다렸다며 주문해주는 손님도 있다.

장사하면서 가장 듣기 좋은 말은 "맛있게 잘 먹었습니다. 다음에 또 올게요."라는 말이다. 그 말에 나는 다음에 올 때까지 이 자리를 지키겠다고 다짐을 한다. 그것이 내가 오늘 만난 손님에게 해줄 수 있는 약속이다. 오늘보다 더 맛있게, 더 싸게 하겠다는 약속은 지킬 수 없어도 또 올 때까지 있겠다는 약속은 할 수 있을 것 같다. 배달앱 리뷰에도 가끔 "사장님, 장사 오래 해주세요."라는 말을 볼 때마다 한 달만 더 해보자면서 힘을 냈다.

어떻게든 살아낼 것! 어떻게든 이 자리를 지킬 것!

이 마음으로 나는 다시 찾아줄 손님을 위해 매일 한 가지씩 장사의 노하우를 만들어가기 시작했다. 주변 사장님들이 어떻게 한 자리에서 9년이나 장사를 했냐고 노하우를 알려달라고 한다. 처음에는 우리 가게만의 노하우가 뭔지 딱 말해주기가 어려웠다.
"글쎄요. 손님을 웃게 해주고 싶었는데요."라고 대답하면 그 비결이 뭐냐고 다시 묻는다.

　　나의 장사 노하우(Knowhow)는,
　　바로 Now(지금), How(어떻게 할 것인가)를 항상 생각한 것이다.

이미 지나간 것은 과감히 포기하고 지금 내가 할 수 있는 한 가지를 찾기 시작했다. 다들 힘들다는 코로나임에도 우리 가게를 찾아와준 손님들이 고맙기에 하나라도 더 주고 싶어서 사탕을 넣어주었다. 떡볶이를 먹으러 오는 여성분의 긴 머리가 불편해 보이길래 머리끈을 챙겨주기 시작했다. 특별한 날에는 꽃 시장에서 장미꽃을 한 다발 사서 한 송이씩 리본 포장을 해주기도 했다. 돗자리를 들고 와서 떡볶이를 사 가는 손님에게는 벤치에서 깔고 먹을 테이블 비닐, 종이컵, 쓰레기봉투를 챙겨주었다.

내가 손님들에게 준 것은 거창한 것이 아니라 아주 사소한 것들이었다. 그런데 손님들은 이 사소한 것들을 기억해주었다. 그래서 우리 가게의 팬이 되어주었다. 대전에 오면 성심당 다음으로 오매불떡을 가야 한다고 소문이 나기 시작했다. 더욱이 빨간 모자 쓴 도 여사가 있는 곳에 가서 빨간 모자를 쓰고 떡볶이를 먹는다고 신기해하기 시작했다.

그래서 나의 별명은 '빨간 모자 도 여사'가 되었다. 떡볶이 아줌마가 인스타그램을 통해서 하나둘 알려지기 시작했다. 우연히 세바시(강연채널 〈세상을 바꾸는 시간, 15분〉의 약칭)에도 출연하게 돼서 유튜브에도 나오니 동네 사람들이 수군거렸다. 곧 책도 출간된다 하니 대단하다는 소리도 들었다.


장사하면서 모든 손님을 만족시킬 수는 없다. 다만 하루에 한 사람이라도 만족시킬 수 있는 마음으로 장사를 했다. 지친 퇴근길 들른 떡볶이집 덕분에 잠시 웃게 되고 안부를 물어주는 이웃사촌이 되었다.

이웃사촌이 되어준 손님들은 이왕 떡볶이 먹을 거면 도 여사네 가게 가서 먹자고 말하기 시작했다. 칠순이 넘은 건물주 어르신도 내 건물의 젊은 사장들이 열심히 산다고 매운 떡볶이를 먹으러 오신다. 월세가 밀린 적이 있는데 오늘은 가족들 하고 왔다며 힘내라는 말 대신 떡볶이를 팔아주셨다. 그리고 옆에 커피숍 사장님도, 앞에 태권도 사범님도, 건너편의 수학 과외 선생님도 행사가 있으면 도 여사네 떡볶이로 간다며 일부러 찾아준다.


**프롤로그**

장사하는 사람들은 서로를 알아본다. 힘들지, 라는 말 대신 하나라도 팔아주고 돈 번 기분 내라며 현금으로 내주기도 한다. 동네 장사는 이렇게 같이 잘살자는 마음으로 서로 의지하며 일어서는 것이다. 통장이 압류되고 잔액이 0원일 때, 다시 벌면 된다며 옆집 사장님이 나에게 준 책 한 권과 만 원짜리 지폐 한 장은 정말 반갑고 고마웠다.

만 원부터, 한 사람부터!
당신도 할 수 있는 작은 것부터 한 개씩 하다 보면 다시 일어설 수 있다.

살다 보면 세상이 내 맘 같지 않을 때, 내 뜻대로 되지 않을 때가 있다. 그럴 때는 내가 바꿀 수 없는 것과 내가 바꿀 수 있는 것을 먼저 구분한다.

내가 세상을 바꿀 수는 없어도 나는 바꿀 수 있다. 손님들에게 사탕 하나, 머리끈 하나는 줄 수 있고, 먼저 안부를 묻고 웃어줄 수 있다. 내가 짓는 친절한 미소가 누군가에게는 오늘 처음으로 받는 미소일 수 있다. 내가 먼저 친절을 베풀면 그 사람도 다음 만나는 사람에게 친절을 베풀어줄 수 있다.

한 번의 미소, 한 번의 친절은 서로를 이어주는 힘이다.

장사는 더욱이 사람을 좋아하는 마음이 있어야 한다. 서로 도와주려는 마음, 친구가 되어주려는 마음, 사람 살리는 마음이 곧 진정한 사장의 조건이다.

나의 책을 읽고 당신도 하루에 한 사람 도와주고, 하루 한 사람의 친구가 되어주고, 하루 한 사람 살리는 목표가 생기길 바란다. 그리고 내가 오늘 만나는 사람에게 살아내줘서 고맙다고 말을 건네고 따뜻한 밥 한 공기를 꾹꾹 눌러 담아 줬으면 한다.

밥 한 공기를 뜨거운 국물에 뜨겁게 말아 먹고 이제 살겠다고, 뜨거운 가슴이 되어서 내일을 살아낼 불씨가 일어나길 바란다. 오늘이 뜨겁다면 당신의 내일은 태양처럼 떠오를 것이다. 드디어 수상한 떡볶이집의 이야기를 시작한다.

2023년 4월 장사하기 딱 좋은 날
도 여사

# Contents

**프롤로그** 인생 최악의 순간에 만난 달콤한 매운맛 — 005

### 1장

# 끝까지 버텨냈더니 떡볶이로 월천 법니다

제가 해냈다면 당신도 할 수 있습니다 — 020

세상에 쓸모없는 경험은 없습니다 — 028

몸은 사장, 마음은 직원 — 038

거절은 손님의 두 번째 의견이다 — 044

처음부터 무리하게 크게 하지 마세요 — 050

심플 이즈 베스트! — 058

장사의 진짜 실력은 노하우! — 064

힘들어도 유머 한 스푼 — 070

## 2장

# 떡볶이도 울면서 만들면 쓴맛이 납니다

위기일 때가 공부할 시간입니다 — 078

마음을 살짝 끼워 넣어 보세요 — 084

당신에게 남이란 없다 — 090

울면서 만들면 쓴맛이 납니다 — 096

자신감을 잃으면 모두 적이 된다 — 102

떡볶이 팔아도 사장이다 — 110

만 원부터 다시 시작한다 — 116

장사는 경험을 선물하는 것이다 — 124

## 3장

# 손끝 말끝으로 어떻게든 살아내는 힘

인사는 행사 톤으로 — 130

음식은 후각과 상상이다 — 134

인증샷 중요합니다 — 138

손끝은 부드럽고 우아하게 — 144

말끝을 바꿀 줄 아는 사람 — 150

음식에 담긴 공간과 경험을 팝니다 — 156

사장이 편한 장사가 아니라 손님이 편한 가게 — 160

**4장**

# 손님도 자주 보면 이웃입니다

빨간 모자를 쓰세요 — 166

손님을 귀찮게 하지 말자 — 172

리뷰에 답글 8천 개 남긴 비결(평점 5.0) — 178

매일 안부 인사를 전하세요 — 186

내 가게 홍보는 내가 합니다 — 190

휴먼커넥터, 사람을 연결하는 사람 — 198

자영업자에서 카피라이터가 되기까지 — 204

두 명 이상 모이면 마케팅은 시작됩니다 — 212

릴레이 하면 릴레이션이 됩니다 — 218

## 5장

# 나는 사람 살리는 떡볶이 사장입니다

장사는 모두가 절실하고 처절하고 진심이다 — 228

불이 나면 같이 뛰어갑니다 — 234

선한 영향력 가게 동참하기 — 240

물 한잔 아끼지 마세요 — 246

바르고 아름다운 길, 장사 — 252

하루에 한 사람 돕는 것이 목표입니다 — 256

복권을 선물해주는 손님 — 260

손님 없으면 책부터 펼칩니다 — 266

**에필로그** 장사는 하는 것이 아니라 해내는 것이다! — 272

# 1장

# 끝까지 버텨냈더니
# 떡볶이로 월천 법니다

# 제가 해냈다면
# 당신도 할 수 있습니다

**장사를 잘하는 사람은**

**장사가 잘되게 하는 비결이 있다.**

"아휴, 직장생활 힘들어서 더는 못하겠어! 내 장사를 한번 해보자." 잘 다니던 회사를 뛰쳐나와서 뭐라도 열심히 하면 성공할 것만 같다. 새로운 가게가 들어서면 처음에는 손님이 모여든다.

그런데 오픈 빨 3개월, 몇 달 지나고부터는 뭔가 분위기가 이상하다. "그 많던 손님은 모두 어디로 갔을까?" 멘탈이 흔들린다.

장사만 하면 성공할 줄 알고 가게를 차렸는데 왜 안 될까? 장사가 안 된다는 건 적게 버는 게 아니라 적자가 나기 시작한다는 소리다. 월세가 밀리고 대출도 밀리고, 세금도 못 내고 보증금까지 까먹기 시작하면서 서서히 문을 닫는다.


## 나의 장사 비법을 공개합니다

나는 한 자리에서 안정적인 매출을 내고 있고 잘 버티고 있다. 처음에는 내가 장사를 잘하는지 몰랐다. 주변 사장님들이 어떻게 하면 장사를 잘할 수 있냐고 물어보는 사람들이 많아지면서 나의 장사가 특별하다는 것을 알았다. 같이 잘 먹고 잘살자는 마음에 하나라도 알려주고 싶어서 용기를 냈다.

나는 장사를 시작하는 아침에 항상 캐러멜 마키아토 한잔을 마신다. 오늘은 카페 사장님이 입을 삐죽 내밀며 가게를 내놔야겠다고 한다. 무슨 일이냐고 물으니 어제는 하루 종일 4만 원어치를 팔았다고 한다. 그럼 배달이라도 해보라고 권했더니 배달하면 남는 게 없다고, 배달 광고료 내고 대행비 내면 손해라는 말을 들었다면서 안 할거라고 손사레를 친다.

"왜요? 한 달에 8만 8천 원 수수료 내고 88만 원 벌면 이득이지 않을까요?"

그렇게라도 할 생각이 없냐고 물었더니 배달플랫폼 가입하려면 100만 원 드는 거 아니냐고 오히려 묻는다. 도대체 100만 원이라는 말은 어디서 나온 걸까?

"내가 아는 카페 사장님도 배달을 시작했는데 팔아도 손해라는데?"

카더라 말만 듣고 시도도 하지 않고 있었다. 손해 본 사람 말만 들으면 언제 성공하시려고요! 목까지 차오른 말을 하려다 참았다.

성공한 사람의 이야기를 먼저 들어야 시도해볼 텐데 안타까운 마음이다. 그래서 내가 일 매출 10만 원에서 100만 원으로 올리기 위해 시도한 방법을 먼저 공개한다.

**첫 번째, 배달 광고는 무조건 해본다.**

광고를 한 개라도 해서 우리 동네에 배달이 얼마나 들어오는지, 커피 배달을 찾는 사람들이 있는지 수요를 가늠해본다. 그리고 홀 영업만 하는 사장님들은 배달까지 많이 들어오면 한 번에 소화할 수가 없다. 나도 처음에는 하루에 20만 원 정도만 벌어도 다리가 아파서 문을 닫자고 소리 치면서 장사를 했다.

돈을 많이 벌고 싶다면 자신의 그릇도 커져야 한다. 체력도 좋아져야 한다. 나처럼 1인 매장을 운영하는 사람들은 한 번에 소화해낼 수 있는 금액이 있다. 그리고 그 임계점을 조금씩 돌파하면서 더 많이 받을 요령이 생기는 것이다. 무조건 돈을 더 많이 벌고 싶은 마음에 광고만 무조건 많이 할 수는 없으니 우선 한 개라도 해보자.

**두 번째, 처음부터 욕심부리지 말자.**

하루에 4만 원 버는 분이 한순간에 40만 원 벌 수는 없다. 40만 원 벌고 싶다는 목표를 가지고 내일은 두 배 8만 원 버는 방법을 찾아야 하고 다음 주에는 16만 원 버는 방법을 찾아야 한다. 코로나 속에서 남들이 안 된다고 할 때 내가 살아남은 비결이 바로 이거다.

우리 가게는 아르바이트 없이 남편과 둘이 일한다. 둘이 하루에 40~50만 원 벌 수 있는 시스템을 만드는 데 1년이 넘게 걸렸다. 좁은 가게에서 가성비 있게 일하기 위해서 손님이 오면 주문받는 일, 전화 받는 일, 김밥 싸는 일, 떡볶이 하는 일을 분업하기 시작했다. 최대한 부딪히지 않고 동선을 짧게 해야 음식 내는 속도도 줄이고 장사하는 동안 피로도 줄일 수 있다.

### 세 번째, 손님의 표정을 상상해보라.

내가 파는 입장이 아니라 손님의 입장이 되어본다. 음식을 받았을 때 즐거움을 선물하는 방법으로 뭐가 있을까. 떡볶이 포장할 때 덮는 뚜껑에 손님 이름을 써주면서 '이걸 손님이 보면 피식 웃겠지.' 상상해본다. '맛있게 드시고 힘내세요.'라 는 포스트잇 메시지 하나가 고된 삶에 힘이 되지 않을까. 장 미꽃 한송이는 어떨까. '나에게 꽃을 주는 사람이 있네? 여기 떡볶이집 맞아?' 하고 가게 이름을 한 번 더 보겠지 하면서 받은 손님의 표정을 상상한다.

전화 주문하는 손님의 목소리를 듣고 먹는 사람의 상황을 상상해보기도 한다. 퇴근길, 온종일 직장상사의 눈치를 보고 힘든 날 맥주 한잔하면서 떡볶이를 먹는 걸까? 아이들을 재 우고 육퇴를 외치면서 나만의 시간을 위로하며 떡볶이를 시 키는 걸까? 드라마 주인공처럼 손님의 표정을 상상해본다.

어느 날은 아기가 자고 있으니 "벨 누르지 말고 문 앞에 놓고 노크해주세요."라는 배달 요청사항이 있었다. 배달기사님에게 신신당부하지만, 혹시라도 못 보는 분들이 있어서 현관문 앞에 붙여놓을 수 있도록 엽서를 하나 만들어 보냈다.

"아기가 자고 있어요. 노크해주세요."

손글씨로 쓴 카드를 떡볶이와 함께 넣어드렸더니 '현관문 앞에 붙일 안내문이 필요했는데 고맙습니다.'라며 칭찬 가득한 리뷰를 올려주셨다. 리뷰를 보고 카드를 갖고 싶은 다른 손님도 있을까 봐 10장을 더 써놓고 배달 요청사항에 '아기가 자고 있어요.'라고 쓰여 있는 손님에게 모두 드렸다.

감동은 거창한 서비스가 아니라 그 사람에게 필요한 서비스를 줄 때 기억된다. 손글씨는 따뜻한 사람의 온기를 느끼는 순간이 된다.

장사를 잘하는 사람은 장사가 잘되게 하는 비결이 있다. 장사는 단순히 물건을 사서 이익을 붙여서 파는 것이 아니라 마음을 담아내는 것이다.

손님들은 작고 사소한 것을 기억해준다. 나는 매일 이런 작은 행동이 여러 명을 행복하게 할 수 있다는 자부심으로 오늘도 장사를 한다.

# 세상에 쓸모없는 경험은
# 없습니다

**가게를 시작한다면,**

**장사하는 의미와 목표를 먼저 생각해야 한다.**

우리가 하루에 제일 자주 가는 곳이 어디일까?

마켓(market)이다. 마켓은 슈퍼마켓뿐만 아니라 편의점, 커피숍, 옷가게와 같이 물건 또는 서비스 거래가 이루어지는 곳이며, 상품이나 서비스 판매 활동을 하는 사람들을 모두 마케터(marketer)라고 한다.

나는 텔레마케터를 시작해서 지금 떡볶이 파는 마케터가 되기까지 마케터로 일한 지 20년이 되었다. 첫 번째 나의 직업은 텔레마케터였다. 스물두살 때, 114 안내원으로 일하려고 전자운용 기기 기능사 자격증을 딴 적이 있는데 자격증만 따면 바로 상담원으로 붙을 줄 알았다.

면접을 보러 갔더니 A4 종이 한 장을 주면서 워드 타이핑을 쳐보라고 했다. 컴퓨터 운용 기기 관련 용어만 달달 외워서 갔던 터라 A4 종이의 반도 못 치고 면접에서 떨어졌다.

이론만 알아서 되는 게 아니었다. 그래서 그날부터는 피시방 가서 게임 대신 낱말 치는 연습을 하고 다른 통신사에 면접을 봤다. 이번에는 인터넷 해지 방어(리텐션)를 하는 곳이었는데 타자는 많이 안 쳐도 되고 사람들의 말을 잘 들어주면 된다고 했다.

알고 보니 인터넷을 쓰면서 불만족으로 해지하려는 고객들에게 재가입을 유도하는 일이었다. 속도가 느리다, 다른 통신사는 사은품을 더 준다고 하면서 불만을 듣는 일이었는데 듣다 보면 크게 불편한 것보다 혜택을 덜 받고 있다는 이야기가 많았다. 그래서 우리도 그 정도는 해줄 수 있다며 사은품과 현금까지 주면서 재가입을 유도했다.

고객을 설득하려면 설명하고 납득시켜야 하는 일이라 내가 더 잘 알고 있어야 했다. 전화만 하는 상담원이 아니라 방문 설치, 이용방법, 유지 보수까지 다 알아야 했다. 기사 팀에

가서 분배기, 속도측정기 등 장비 이름까지 외워가면서 속도
가 나아지냐고 물어보고, 설치팀 가서는 최대한 빨리 가달라
고 요청하는 일도 많았다. 단순히 전화만 하는 일이 아니라
돌아가는 구조를 알아야 했다. 그러니 공부할 것도 많고 상
담 심리 공부도 해야 했다.

그 와중에 직장상사는 도와주기는커녕 실적이 안 나온다
고 다그쳐서 버티기가 힘들었다. '확 때려치울까?' 하루에도
몇 번씩 생각이 들었는데 마음을 바꿨다.

'두고 보자. 내가 나중에 당신 나이 정도 됐을 때는 더 높
은 위치에 있을 거야.' 하고 목표를 정했다.

내가 지금 하는 일은 나중에 팀장이 되었을 때 전체적인
업무를 알기 위한 것이라고 의미를 만들었다. 목표와 의미가
생기니 버틸 만했다. 그리고 2년 뒤 전략기획팀을 만들고 상
담원들의 업무교육과 스크립트 대본을 만들어주는 일까지
했다. 나의 경험이 누군가에게 판매를 쉽게 할 수 있도록 길
이 되어주었다.

가게를 차리면서도 비슷한 문제가 생겼다. 자격증을 따면

바로 취직할 수 있을 거라 믿었던 것처럼 가게만 오픈하면 사장이 될 줄 알았다. 가맹점에서 받은 떡볶이 조리법 A4 종이 한 장이면 다 될 줄 알았다. 그런데 종이에 쓰여 있는 조리법이 중요한 게 아니라 장사의 구조와 손님을 응대하는 실전이 더 중요했다. 장사도 역시 이론만 알아서 되는 게 아니었다. 그것도 모르고 가게를 차릴 때 15일만 교육받고 장사를 시작한 것이다.

다행히 학교 앞에 다른 분식집이 없었던 터라 떡볶이집이 새로 생겼다고 학생들이 많이 와주었다. 그런데 개업 효과는 딱 3개월이었다. 3개월이 지나고 오늘은 비가 와서 손님이 없나? 오늘은 날이 좋아서 다들 놀러 나갔나? 그렇게 손님이 없는 이유만 찾다가 더 손님이 없는 이유를 못 만들 때쯤, 뭔가 이상하다는 것을 느꼈다.

말일에 식자재 대금과 대출이자와 부가세를 내야 하는데 그것은 생각도 하지 않고 매일 들어오는 현금으로 돈을 버는 줄 알았다. 바로 앞으로 벌고 뒤로 밑지는 장사, 빛 좋은 개살구처럼 빛내는 장사를 하고 있었다.

## 장사를 다시 배워야겠다!

유튜브와 책을 보면서 장사 잘한다는 분들을 찾아다녔다. 마침 배달의민족에서 사장님들 대상의 〈배민 아카데미〉를 운영하고 있어서 배우러 갔는데, 감자튀김만으로 가맹점을 낸 사장님도 있고, 칼국수 단일 메뉴로 하루에 400만 원 버는 분도 있었다. 대단한 것 같은데 내 이야기 같지는 않았다. 멍하게 있던 나는 기념품으로 받은 볼펜에 적힌 글귀를 보고 깜짝 놀랐다.

"나는 매일 하는 일이지만, 고객에게는 처음이다."

고객에게는 첫 떡볶이인데 나는 매일 하는 일처럼 영혼 없이 찍어내는 음식을 만들고 있었다. 힘들었던 텔레마케터 시절이 떠오르면서 이번에는 내가 장사하는 의미와 목표를 만들었다. 내가 텔레마케터 업무교육을 할 때 항상 하는 말이 있었다.

"고객에게 물건을 파는 게 아니라 도움을 주는 것이다." 내가 도와드릴게요, 하는 마음으로 하라고 외쳤는데 정작 나는 잊고 있었다. 도움을 주려는 마음은 빼고 상품만 팔고 있었다. 그래! 우리 가게에 오는 손님에게 떡볶이가 아니라 마음을 담아줘야겠다.

가게를 시작한다면, 무엇을 팔 것인가 아이템을 정하기 전에 장사하는 의미와 목표를 먼저 생각해야 한다. 그리고 구체적으로 그림이 그려지면 상품은 얼마든지 바꿀 수 있다.

장사는 물건을 파는 사람이 아니라 경험을 느낄 수 있도록 전달해주는 사람이다. 이것을 꼭 유념하고 시작하시길 바란다.

## 나만의 노하우가 담긴 오픈북 만들기

두 번째, 나의 마케터 직업은 은행원이었다. 통신사를 그만두고 이번에는 돈 공부를 해보고 싶어서 금융사를 찾았다. 드라마에 나오는 30대 멋진 전문직 회사원처럼, 유니폼을 입고 목에 사원증을 걸고 스타벅스 커피 한잔을 들고 당당하게 다닐 것 같은, 그런 30대를 나도 만들고 싶었다.

'이것만 하면 나도 멋진 전문직 회사원이 되는 거야?'

드라마 주인공처럼 부푼 꿈을 안고 은행에 입사했다.

야호! 아침에 커피 한잔을 들고 뉴요커처럼 첫 출근을 했다. 그런데 출근과 동시에 업무교육을 한다며 벽돌 같은 책 세 권을 받았다. 예금, 대출, 외환, 보험 등 생소한 용어에 3개월 동안은 도서관에 다닐 정도로 수험생처럼 공부했다. 모르는 용어가 나오면 네이버로 찾아보고 선배들에게 물어보면서 요점정리 노트를 만들었다.

상담할 때 모든 업무를 다 외울 수 없으므로 자료정리가 되어 있는 오픈북이 있다. 그렇다 해도 고객의 질문을 단번에 딱 찾을 수가 없다. 본인 스스로가 어느 정도는 알고 있어야 어디에 뭐가 있는지 금방 찾을 수 있다. 그래서 나는 나만의 오픈북을 따로 만들었다. 내 손으로 직접 단어를 적고 내 말투로 적어놓은 요점정리 노트 덕분에 나는 3개월 만에 프로가 될 수 있었다.

장사를 시작할 때도 가게를 차리기 전부터 상권과 메뉴 구성, 고객 성향, 광고플랫폼, 거래처, 전화 받는 방법 등 개요

와 목차를 먼저 잡았다. 그리고 오늘은 전화 받는 방법, 홀 응대 방법을 공부하고 다음 날은 배달하는 방법으로 나눠서 한 가지씩 숙달한다는 생각으로 배워갔다.

장사 교육 첫날, 전화 응대 예절을 배웠다.
"안녕하세요. 오매불떡입니다. 무엇을 드릴까요?"
다행히 나는 텔레마케터를 오래 한 경험 덕분에 전화 받는 교육은 쉽게 패스했다. 더욱이 상담원 하면서 먹고 살기 위해 배운 도레미파 솔~! 그 솔 톤의 음성은 지금도 탑재되어 있어서 손님들도 가끔 놀란다. 또하나의 장점은 아무리 기분 나쁜 일이 있어도 목소리로는 티가 나지 않는다. 앞에서 욕을 먹어도 다음 손님에게까지 감정이 전달되지 않도록 이미 목소리 훈련이 되어 있기 때문이다.

인생도 장사도 멀리 가는 것이 중요하지만 얼마나 깊이 파는지도 중요하다. 한 가지라도 깊이 파서 숙달되면 다른 것을 배울 때 적용 능력이 생긴다. 하나라도 이뤄본 경험이 두 번째 일을 쉽게 할 수 있는 용기와 자신감을 준다. 세상에 쓸데없는 경험이 없다는 말처럼 먹고살리즘 경험 덕분에 장사하는 나에게는 장점이 되었다.

　가게를 처음 하시는 사장님들, 누구에게나 장사는 처음이
지만 마케터 경험은 분명히 있다. 경험을 살리면 나만의 강
점을 오픈북으로 만들 수 있고 마음을 열어주는 목소리로 손
님을 맞이할 수 있다.
　가게를 차리기 전에 제일 먼저 해야 하는 것은 바로 나만
의 오픈북을 만드는 것!

# 몸은 사장, 마음은 직원

직원은 퇴근 시간을 기다리지만,
사장은 오픈 시간을 기다린다.

간혹 은행원이라는 좋은 직장을 왜 그만두었어요?라고 묻는 분들이 있다. 그건 바로 나의 세 번째 마케터, 떡볶이 가게를 차리기 위해서였다. 사실 가게를 차린 건 거창한 꿈이 아니었다. 갑작스러운 남편의 실직으로 평소 자주 가던 떡볶이 집을 눈여겨보게 되었다.

어느 날 떡볶이를 사러 갔다가 "이거 차리려면 얼마나 들어요?" 내 가게 하나 차려보고 싶다는 말 한마디로 여기까지 왔다.

그때 사실 나도 어렵게 들어간 직장이었지만 5년이 되어

가니 회의감이 들기 시작했다. 부자들의 통장을 보면서 왜 나는 항상 가난할까 한탄했고 도대체 그들은 어떻게 돈을 벌었을까? 궁금하지만 물어볼 수는 없었다. 상담 내용은 모두 녹음이 되고 모니터링을 받기 때문에 사적인 질문은 할 수가 없다. 질문은 고객이 하는 것이고 나는 매뉴얼 대로 답하는 사람이었다.

그때가 서른 살 초반이었는데, 마흔이 넘어도 내가 이 일을 할 수 있을까? 항상 의문이었다. 보통 5분 정도 상담하는데, 동시에 컴퓨터 조작과 상담 이력을 남겨야 하고 상부 보고까지 해야 한다. 짧은 시간에 네 가지 일을 동시에 끝내야 하고 화장실 가는 시간까지 여유롭지 못하다 보니 물도 잘 안 먹게 되고 그러다 보니 직업병처럼 방광염이 따라다녔다.

내가 왜 이렇게 열심히 살고 있지? 부자들의 통장을 볼 때마다 내 통장은 점점 쪼그라드는 기분이 들어 정말 싫었다. 영화 〈설국열차〉의 톱니바퀴 하나처럼 사람이 껴있는 것만 같았다. 그런데 부자들을 상담하면서 직업을 유심히 보니 사업가, 기업가가 많았다. 나는 은행원이라는 직업보다 사업가라는 이름이 더 부러워 보이기 시작했다.

나도 한번 사업을 해볼까, 마침 남편의 실직과 함께 그래 한번 해보자 하는 다짐이 그나마 섰다. 더군다나 난임으로 휴직을 하면서 시험관 시술과 장사를 같이 시작했다. 혹시라도 장사가 안 되면 1년 뒤에 다시 회사로 나가겠다는 생각에 과감하게 사표를 던지지는 못했다. 안정적인 수입을 끝까지 포기할 수는 없었다. 발을 반만 걸친 채 소심하게 가게를 차렸다.

　더욱이 떡볶이집 가맹점에서 주는 요리법만 알면 된다고, 인테리어도 가맹점에서 다 해준다는 호언장담에 홀려 있었다.


　드디어 가게를 차리고 사장이 되었지만, 마음은 직원처럼 일하고 있었다. 문을 열고 손님이 들어오면 밀려드는 이메일처럼 일거리로 느껴졌다. 떡볶이만 팔면 월급처럼 꼬박꼬박 돈이 들어오는 줄 알았는데 직장인보다 더 많은 시간을 일해야 했다.

　이름은 사장이었지만, 퇴근 시간을 기다리는 직원처럼 매일 시계만 보고 있었다. ARS 음성 안내처럼 손님이 오면 "어서 오세요."라는 말에 문득 진짜 반가운 마음이 담겨 있었나? "감사합니다."라는 말을 할 때 진짜 감사한 마음이 우러나왔나 스스로 묻게 되었다.

파리가 날려봐야 손님이 반갑게 느껴진다더니 역시 손님이 없어보니 문을 열고 들어오는 종소리가 그렇게 반갑게 느껴졌다. 이 와중에도 장사가 잘되는 집은 분명히 있었다.

어떻게 하면 손님들이 다시 올까? 배달의민족을 비롯해 맛집으로 소문난 곳들의 리뷰를 보기 시작했다.

어느 사장님의 글을 봤는데 〈손님 덕분에 아이들 학교도 보내고 꽃신을 사줄 수 있었습니다. 참 고마운 우리 손님들 덕분입니다.〉라는 글에서 진심이 느껴졌다.

나는 가게만 차리면 사모님 소리를 들으며 거창하게 인생이 바뀔 줄 알았는데 마음이 바뀌지 않는 한, 상황이 바뀌는 건 아니었다. 그리고 우리 가게를 오는 손님은 누구일까? 돈 많은 사람, 잘 사는 사람도 아니고 배고픈 사람이다. 정의를 내리고 고객의 목적을 찾기 시작했다. 나는 그것을 만족시켜 주면 된다는 목표를 세웠다. 기다리는 시간을 줄이고 더 푸짐하게 제공할 방법을 찾기 시작했다.

그리고 퇴근길 지친 마음으로 들르는 떡볶이집 손님들에게 살짝 웃으며 친절한 말을 걸기 시작했다. 나도 손님 덕분에 꽃원피스를 살 수 있어서 감사하다는 마음으로 시작했다.

직원은 퇴근 시간을 기다리지만, 사장은 오픈 시간을 기다린다. 직원의 마음이 아니라 사장의 마음으로 가게를 보기 시작하니 방법이 보이기 시작했다. 오픈 시간을 기다리며 문을 열고 들어오는 첫 손님에게 "오늘을 열어주셔서 감사합니다."라는 마음으로 환하게 웃어준다. 나는 사장으로 점점 성장해 가고 있었다.

# 거절은
# 손님의 두 번째 의견이다

**칭찬이 손님의 첫 번째 의견이라면,**
**거절은 손님의 두 번째 의견이다.**

신나게 장사를 하고 싶은데 배달된 음식에 튀김이 빠졌다는 리뷰가 달렸다. 고구마튀김과 고구마고로케가 그렇게 헷갈린다. 손님에게 한소리를 먹고 남편에게도 한소리를 먹어야 한다. 한 번 실수하면 두 번의 눈치를 봐야 하는데 이상하게 한 번 실수한 날은 꼭 두 번씩 그런 실수가 나온다.

　그날은 유독 실수가 잦았고 안 좋은 댓글도 많이 달렸다. '떡볶이 맛이 예전과 다르네요. 오늘은 튀김이 별로예요.'라는 댓글을 보면 '오늘 그냥 확 문 닫아버릴까?' 하는 마음이 솟구친다.

나처럼 자영업 하는 사장님들은 알 거다. 댓글 하나, 리뷰 하나에 얼마나 마음이 오르락내리락하는지, 기분이 왔다갔다 하는지를.

지금까지 마케터 일을 20년째 해온 나도 가장 힘든 게 바로 거절 받을 때이다. 열 명 중 아홉 명이 맛있다고 해도 한 명이 맛없다고 거절하면 나를 무시하는 것 같아 견딜 수가 없었다. 그럴 때마다 즉각 반응하지 않고 숨을 크게 내뱉으면서 '그럴 수도 있지! 그럴 수도 있지' 세 번을 외쳤다.

소리 내서 말하기 시작하면 흥분된 감정이 조금 가라앉았다. 그래도 받아들이기 힘들 때는 감정이 아닌 현상을 보려고 노력했다. 기분 나쁘다는 감정을 빼고 사실과 감정을 구분했다. 감정적으로 대하면 가볍게 해결될 일도 큰일로 바뀌는 경우가 있었다.

수많은 거절 덕분에 나는 많은 걸 배웠다. 지금은 실수가 나지 않도록 주문표에 네임펜으로 밑줄을 그어가면서 하나씩 점검하는 습관도 생겼다.

## 거절은 나에게 고마운 기회였다

거절을 감정적으로 대할 것이 아니라 그것을 통해 무엇을 배울 수 있는지를 생각해봐야 한다. 그 유명한 철학자 니체가 말하지 않던가. "나를 죽이지 못하는 고통은 나를 더 강하게 만든다"고. 부족한 부분은 수정하고 업그레이드 해나가면 충분하다. 거절 받았다고 상심하지 말고 내 장사를 강하게 만들어준 고마운 기회로 생각하자.

다만 거절할 때는 말투에 신경을 써야 한다. 우리 가게는 포장마차에서 파는 빨간 떡볶이가 아니라 카레가 들어간 즉석 떡볶이인데 빨간 고추장 떡볶이를 해달라고 조르는 손님이 있다.

"아쉽게도 그 부분은 저희가 도와드리기 어렵습니다. 대신 맵게 해드릴까요?"라고 다른 것을 제안한다.

'안타깝게도, 아쉽게도, 죄송합니다.'와 같이 한 번 쿠션에 닿아서 충격이 덜 가는 쿠션 어를 쓰는 것도 요령이다. 쿠션 어는 손님뿐만 아니라 사회생활에서 거절할 때도 유용하게 쓰일 수 있다.

## 1등 되는 방법만 알고
## 2등이 될 방법은 잊고 산다

우리는 차선책도 있는데, 1등 아니면 안 된다고만 편향되게 생각한다. 손님의 거절은 두 번째 방법이 될 수 있다. 내가 가게에서만 보는 것과 손님이 보는 시선은 다르다. 시선이 다르다는 것은 새로운 아이디어를 주기도 하는데 거절한 손님 덕분에 매운맛을 조절하기도 하고 새로운 메뉴를 만든 적도 있다.

거절한 고객에게 최대한 무엇인가 해주려는 마음이 보였을 때 그들은 충성고객이 되어준다. 충성고객은 나의 팬이 되어서 나의 가게를 홍보해준다. 모든 사람에게 사랑받을 수 없는 것처럼 모든 손님에게 칭찬받을 수는 없다. 거절 받는 것도 받아들이면 스트레스가 줄어들고 개선할 방법이 보이기 시작한다.

내 마음과 다르게 안 좋은 댓글이 달리는 날에는 그다음 손님부터는 서비스를 더 많이 건넨다. 정성을 더 들이면 좋은 리뷰가 많아지지 않을까, 좋은 글이 더 많이 달리면 안 좋은 리뷰는 잊히게 되는 법이다.

그런데 사장님들은 안 좋은 글을 퇴근할 때까지 마음에 품고 간다. "그럴 수도 있어." 하고 넘어가고 다음 손님에게 더 잘하는 것이 좋다. 안 좋은 글에 같이 반응하지 말고 내가 해줄 수 있는 게 무엇이 있을까 찾는 습관을 만들자. 더 나아지려는 유연한 마음으로 보기 시작하면 보람 있는 일도 생긴다. 차선책은 새로 만들어가는 것이 아니라 한 번 더 방법을 강구하는 것이다.

# 처음부터 무리하게
# 크게 하지 마세요

**투자 대비 수익은**

**내가 대한민국 1%다.**

대부분 가게를 차릴 때 안타깝게도 투자비용과 회수기간을 생각하지 않는다. 1억을 투자하고 다시 판다고 했을 때 바닥 권리금으로 얼마나 받을 수 있을까? 더욱이 요즘처럼 폐업률이 높은 시점에 권리금으로 5천만 원 주고 다시 들어오는 사람이 있을까? 유명 프랜차이즈라면 매출이 보장될 거라 생각하고 차렸을 텐데 유명 프랜차이즈는 마니아층이 있긴 하지만 동네 장사에서는 유리하지 않을 수 있다. 일부러 찾아오는 사람이 아니라 출근길, 퇴근길에 꾸준히 찾아주는 손님이 동네 장사에서는 필요하다.

우리 동네에 백화점이 들어왔더니 주변 상권들도 좋아졌다. 오래된 원룸 건물은 부수고 다시 짓기 시작했고, 브랜드 커피숍도 들어오기 시작했다. 그런데 요즘 원룸 건물 1층에 가게를 주는 것이 유행인지 통유리 창문이 달리는 것을 보고 식당이 들어오나 하고 심장이 콩닥콩닥 뛰었다.

혹시라도 프랜차이즈 식당이라도 들어올까 봐 걱정돼서 실내장식 공사하는 분에게 은근슬쩍 물어보았다.

"여기 뭐 들어오나요?"

"커피숍 한대요."라는 대답에 '휴, 식당은 아니라서 다행이다'라며 안심했다.

그리고 멋지게 영어로 된 간판이 달렸는데 유명한 커피숍은 아닌데 네이버에 치니 가맹점이 여러 개 있는 커피숍이었다.

'과연 저걸 차리려면 얼마나 들었을까?' 궁금해졌다. 마침 가게를 개업하는 날 카페 사장님이 개업 떡을 들고 왔다. 그리고 나에게 장사한 지 얼마나 되었냐고 묻는다. 이 자리에서 8년 되었다고 했더니 동네 분위기는 어떠냐며 매출은 안정적인지 물어본다.

같이 먹고 사는 동네 사장님이므로 숨김없이 이야기를 해췄다.

보통 가게를 구하러 다닐 때 동네 부동산 가서 물어보고 동네 식당 가서 점심 먹으면서 귀동냥하며 동네파악을 한 후 간판을 세우는 데 이 사장님은 순서가 좀 뒤바뀐 것 같았다.


## 가게 차리는 데 얼마나 들었을까?

"혹시 사장님 카페 차리는 데 얼마나 들어갔나요?"

"한 1억 들었습니다. 보증금 2천에 시설비에 가맹점 가입비, 가맹비 정도 하면 1억 정도."라고 아무렇지 않게 이야기한다.

"1억이요? 그걸 다시 회수하려면 하루에 얼마나 팔아야 하나요?" 하고 내가 놀라서 물었다.

"글쎄요?"

1억을 투자한 사장님도 모르겠다며 대답 하는데 내가 더 놀랐다.

"하루에 20~30만 원 벌어서 월세 내고 아르바이트비 주고 저는 2~300만 원 갖고 가면 되지 않을까요?"라고 다시 물어본다.

'그럼 1억 원을 회수하려면 몇 년을 장사해야 하는지 아세요?'라고 묻고 싶었지만 묻지 않았다.

나는 가게를 차릴 때 4천만 원 정도 들었다. 보증금은 천만 원이었고 바닥 권리금도 천만 원 정도였다. 2천만 원으로 가맹과 교육비, 시설비까지 해서 차린 거였는데 이것도 솔직히 비싸다고 생각했다. 내가 발품을 더 팔면, 내가 요리법을 개발해낸다면 더 줄일 수 있었겠지만 개발하는 시간과 발품 팔 시간을 이 정도 값을 내고 하는 거라고 생각했다.

바닥 권리금도 1,500만 원이었는데 가맹점 사장님께 세 번이나 찾아가서 퇴직금과 친정에서 끌어와서 차리는 것이니 사정을 좀 봐달라고 매달렸다. 결국 600만 원을 깎아주셨다.

원래 청국장과 민물새우탕을 파는 식당이었는데, 주변 고등학교와 대학교의 학생들이 찾을 만한 메뉴는 아니었다. 장사가 잘되기는 어려워 보였다.

기존 사장은 2년 정도 했지만, 동네 돌아다니는 사람도 없다며 점심 장사만 하고 저녁에는 다른 식당에 나가서 일한다고 했다. 그래서 하루라도 빨리 가게를 내놓고 싶어 했을 것이다.

권리금 900만 원에, 냉장고와 세척기 등 기존에 있는 물품도 그대로 받았다. 쿨피스 냉장고는 특정 업체의 쿨피스를 쓰면 준다고 해서 그렇게 했다. 슈퍼에서도 유제품이나 음료를 쓰는 대신 냉장고를 지원해주는 것처럼, 알아보면 냉장고는 지원해주는 곳이 많다. 한두 개씩 아껴보니 적은 금액으로 시작할 수 있었다.

이곳은 월세도 저렴하다. 사실 동네에 방송국도 있고 사무실도 많아서 월세가 100만 원이 넘는 번화가도 있지만 나는 한 블록 떨어진 곳을 선택했다. 떡볶이라는 메뉴가 학생들이 주 고객이므로 변두리라도 아이들이 올 수 있는 거리면 된다고 생각했다. 다행히 근처 고등학교 후문에서는 1분 거리이고, 담벼락에서 '이모' 하고 부르면 들리는 거리여서 나에게는 제격이었다. 월세도 번화가보다 반절이나 싼 가격으로 들어왔다.

메뉴와 타깃을 정하면 장소가 보인다. 나는 4천만 원 정도 투자해서 한 달에 천만 원 넘게 매출이 나왔다. 석 달 만에 원금을 회수했다. 3천 원짜리 떡볶이로 그게 가능하냐고 많이들 물어보는데 나는 월세만큼 하루 매출이 나와야 한다고 생각했다.

3천만 원 회수 기간으로 1년 안에 뽑겠다는 목표를 세우고 시작했고 3개월 만에 원금을 회수했으니 투자 대비 수익률로는 아마 대한민국 1%일 것이다.

투자 대비 수익률은 주식 투자를 하거나 예금 이자를 받을 때 이율과 같다. 만기가 되면 원금을 찾을지 재투자를 할지 결정하는 것처럼 나중에 다시 가게를 팔아서 원금을 회수할지, 오래된 가게를 만들 것인지도 선택해야 한다. 나도 2년 정도 하고 다른 사람에게 넘길까 했는데 학교를 졸업하고 찾아오는 친구들이 반갑고, 1년에 1,000개씩 쌓여가는 리뷰를 보니 팔겠다는 생각이 없어졌다. 그래서 시간이 지나도 오랫동안 이윤을 남기고 사람을 남기는 가게가 되고 싶어서 지금까지 꾸준한 매출로 9년째 하고 있다.

처음부터 무리하게 유명 프랜차이즈로 가게를 시작하기보다 적은 금액이라도 같은 매출을 낼 방법을 먼저 생각하길 바란다. 번화가, 유명 프랜차이즈라고 무조건 좋은 게 아니라, 가게 위치는 메뉴에 따라, 고객에 따라 적당한 곳이 있다. 골목 상권에서도 유명 프랜차이즈만큼 매출을 내는 곳이 많다. 새로 지어진 건물에 유명한 이름이라도 한 달에 매출이 천만 원도 안 나오는 가게가 부지기수다. 번쩍번쩍하는 건물보다 가게 문을 열었을 때 직원과 사장의 표정부터 살펴보라. 그리고 가게를 차릴 때는 최소 비용으로 최대 매출을 뽑을 방법이 우선이다.

# 심플 이즈 베스트!

**한 사람의 손님을 위해**

**준비했다는 느낌이 들게 하는 것.**

코로나 시국을 어떻게 버텨냈는지 물어보는 이들이 많다.
내가 선택한 방법은 심플 이즈 베스트(Simple is best)!

단순하고 작은 감동을 통해 다시 찾아오게 하는 방법이었
다. 매출이 줄어들면 광고를 더 해야 하나, 인테리어를 바꿔봐
야 하나, 숍앤숍이라도 해볼까, 이런저런  생각이 든다. 하지
만 장사가 안 되는 와중에 돈을 써가면서 하는 투자는 사실
부담스럽다.

나는 돈이 들지 않고 할 수 있는 방법이 없을까 찾기 시작
했다. 어느 날 야식으로 불닭을 시켜 먹었는데 그 안에 막대

사탕이 들어 있었다. '귀엽네' 하고 옆에 무심히 두었다. 그런 데 불닭을 다 먹고 나니 입이 얼얼해서 아까 무심히 두었던 그 귀여운 사탕을 찾게 되더라는 것! 깨물어 먹는 순간 '아 이제 살겠다'라는 말이 절로 나왔다.

'바로 이거다! 우리 손님들도 매운 떡볶이를 먹고 나면 필 요하겠는데.'라는 생각에 무릎을 딱 쳤다. 인터넷사이트에 똑 같은 사탕을 찾아봤다. 한 봉지에 100개 정도 들어 있고 가 격은 만 원 정도였다. 이 정도면 충분히 서비스로 제공할 만 했다. 한번은 초콜릿 든 막대사탕을 보냈더니 떡볶이와 튀김 의 열기 때문에 사탕이 녹아서 끈적끈적해졌다. 비타민C 사 탕도 넣어봤는데 신맛이 오히려 쓴맛으로 변해버리는 것 같 았다. 커피맛도 찾아보았다. 그러다가 추억의 스카치 사탕을 넣었는데 '어머 이 사탕 오랜만이네요' 하면서 댓글이 달렸고 빨강, 파랑, 금박 포장지가 선물 포장한 느낌이 나서 딱 맞았 다. 쿠키 담는 비닐봉투에 사탕을 색깔별로 넣어주는데 뭔가 허전하다. '머리끈이라도 하나 넣어줄까?'

떡볶이는 여자분들이 많이 좋아하는데 더욱이 스트레스

왕창 받은 날 찾는다. 그리고 떡볶이가 배달되면 봉지를 받아들고 맛있겠다 하고 뜯어서 먹는데 라푼젤 같은 긴 머리가 거슬린다. 먹을 때는 웨이브 긴 머리보다 고무줄로 묶는 게 편하다. 심지어 앞머리로 흘러내리는 것도 거추장스러워서 애플 머리로 질끈 묶고 먹기도 하지 않는가.

이때부터 나는 매운 입을 진정시켜 줄 스카치 사탕과 머리끈을 챙겨주기 시작했다. 지금도 리뷰에 머리끈 이야기가 참 많은데 여자친구랑 대전에 놀러 왔다가 숙소에 머리끈이 없다고 투덜대는 여친이 떡볶이 안에 머리끈이 있어서 '사장님 대박! 기적이에요.'라고 칭찬하신 분도 있었다.

동네 피자집 사장님은 일곱 살 된 딸과 함께 오는데 "지난번에 떡볶이를 시켰는데 머리끈과 사탕이 안 들어 있었다"고 아쉬워했다. 아이들은 피카추 빵 대신 피카추 스티커를 모으듯이 우리 가게 손님들은 머리끈과 사탕을 모으고 있었다. 어떤 단골손님은 친구 집에 놀러 가서 오매불떡을 소개해주려고 떡볶이 설명을 하고 있었는데 책상 위에 머리끈과 사탕이 세 봉지나 있었다고 한다.

"너도 여기 시켜 먹었어?" 작은 사탕 봉지들로 서로가 같은 단골임을 알아보고 한바탕 웃었다 한다. 사탕봉지 위에 '맛있게 드세요. 오매불떡'이라고 쓰인 스티커를 붙이는 데 가게 이름을 알리는 하나의 센스다. 스티커는 1,000장에 만 오천 원이면 상호를 넣어서 만들 수 있다.

장사하는 분들이 전단지를 하나씩 넣는 것도 가게 이름을 기억에 남게 하기 위해서다. 냉장고에 붙여놓고 오며 가며 생각나게, 잊히지 않게, 자꾸 생각나는 가게로 만들기 위한 노력들이다.

손님의 댓글에 내가 매일 보고 답글을 하는 이유도 우리 가게를 생각나게 하기 위해서다.

마케팅의 비밀 중 '72시간의 법칙'이 있다. 72시간이 지나면 기억이 지워지기 시작하기 때문에 오늘의 감정도 3일이 지나면 가물가물해진다. 손님에게 자꾸 생각나는 가게를 만들고 싶다면 매일 보이는 물건을 근처에 두는 게 좋다. 머리끈은 매일 쓸 수 있고 손목에 차기도 하니 자꾸 기억에 남게 할 수 있는 좋은 서비스다.

장사는 거창한 것이 아니라 간단하고 쉬운 방법이 있다. 한 사람의 손님을 위해 준비했다는 느낌이 들게 하는 것, 남들이 봤을 때는 아무것도 아닌 것처럼 보이는 사소한 것들이 우리 가게를 특별한 가게로 만들어준다.

## 일 매출 10만 원에서 100만 원까지
## 늘릴 수 있었던 사소한 비법

1. 사탕과 머리끈 준비

2. 가게 이름 스티커 붙여주기

3. 마스크 걸이 또는 마스크 보관하는 비닐 주기

4. 쓰레기봉투 챙겨주기

5. 나무젓가락 여유 있게 주기

6. 야외에서 먹을 때는 종이컵 챙겨주기

7. 테이블 까는 비닐 또는 냅킨 챙겨주기

8. 영수증에 감사 인사 쓰기

9. 포스트잇에 맛있게 드세요. 손글씨 써서 붙이기

10. 밸런타인데이, 빼빼로데이 챙기기

# 장사의 진짜 실력은 노하우!

**Knowhow = Now + How,**

**지금 어떻게 할 것인가?**

도 여사는 장사가 잘되니 웃으면서 장사할 수 있었던 거라고 하시는 분들도 있다. 그런데 나는 사실 운이 좋은 편은 아니라서 웃으며 장사할 상황은 아니었다. 코로나 속에서 빚에 허덕이며 신용불량자가 되기도 했고 심지어 일수도 써봤다. 그럼에도 포기하지 않고 한 자리를 지킬 수 있었던 것은 바로 손님들이 나에게 보내준 미소를 기억하기 때문이었다.

그 미소는 내가 지금, 어떻게 할 것인가를 늘 생각하게끔 해주었다.

## 성공에서 운이 없어도 살아남는 비결

대박 나는 가게는 운도 따라줘야 하지만, 나는 운에 의지하지 않고도 충분히 성공할 수 있는 가게를 만들었고, 앞으로도 꾸준한 성장세를 유지할 자신이 있다.

이것이 바로 성공에서 운이 없어도 살아남는 비결! 노하우이다.

Knowhow= Now + How, 지금 어떻게 할 것인가?

나는 가게 문을 열 때마다 오늘 만날 손님들에게 어떻게 할 것인가를 늘 생각한다. 그 중에서 내가 실천으로 옮긴 3가지 방법을 소개한다.

**첫 번째, 우리 동네에서 1등 하는 가게가 되자.**

장사는 우리나라에서 1등 하는 대기업 브랜드가 아니라 우리 동네에서 1등 하는 가게가 되면 된다. 우리 동네 1등도 어렵다면, 오늘 만나는 손님에게 1등으로 기억나는 가게가 되도록 한다. 내가 만든 음식으로 우리 손님이 웃으면 좋겠다는 마음으로 장사한다면 충분히 행복하게 장사할 수 있다.

**두 번째, 목표는 작게 시작한다.**

처음 장사를 시작했을 때는 하루에 10만 원도 못 버는 날
이 많았다. 그런데 하루만 장사할 게 아니니까 한번 오는 손
님은 또 오는 손님으로 만들자고 다짐했다.

하루에 30만 원씩 벌어 한 달 천만 원 매출을 목표로 잡았
다. 처음부터 월 1억 매출을 목표로 잡으면 빨리 지친다. 한
달에 천만 원만 벌어도 된다고 목표를 잡고 천만 원이 넘어
가면 천오백만 원으로 목표를 바꿨다. '그럼 하루에 60만 원
씩 벌면 되겠구나.' 일 목표를 세우고 하루에 세 그릇만 더 팔
자고 작은 욕심을 부리며 나간다. 이 정도는 운 없이도 누구
나 할 수 있다.

**세 번째, 한 사람만 만족하면 된다.**

장사는 100명 모두를 만족시킬 수 없다. 한 사람만 만족할
수 있다면 그 손님 덕분에 100명을 만족시킬 수 있다. 큰 욕
심은 내려놓아야 한다. 지금 우리 가게에 온 그 손님에게 미
소 지으며 서비스를 제공하는 게 성공하는 장사법이다.

우리 동네는 원룸이 많아서 퇴근길에 혼자 떡볶이를 사서 가는 분들이 많다. 늦은 퇴근길, 소주 한잔에 곁들일 안주로 찾은 손님에게는 "오늘 퇴근이 늦으셨네요. 소주 한잔하시게 요?"라고 말을 건넨다.

"네, 한잔하고 자야죠."

어색한 미소를 짓는 손님에게, 떡볶이 국물을 많이 넣어 드렸으니 순대도 같이 찍어 드시라며 봉지 손잡이를 손가락에 걸어드렸다.

손잡이를 손가락에 걸어주는 마음, 이 모든 일이 '진심 어린 마음'이다.

작은 가게라도 가게 문을 여는 순간 나는 사장이다. 한 사람이라도 진심을 줄 수 있는 장사를 하는 마음. 매일 아침 장사를 시작할 때 200원씩 저금통에 넣고 오늘도 와주시는 손님에게 감사한 마음을 담아 하루를 시작한다.

작은 것부터 소중한 것을 알고 시작하면 충분히 웃으면서 장사할 수 있다. 우리는 한두 달 장사할 게 아니니까 오래 보

고 길게 유지할 수 있는 가게를 위해 나의 가게에 애정을 갖

고 한 개씩 내 것으로 만들어야 한다. 작지만 단단하게 경영

하는 노하우, 이것이 바로 실력이다.

# 힘들어도 유머 한 스푼

**짧은 유머와 미소만으로도
내 가게의 명줄을 길게 할 수 있다.**

내게 위기가 올 때마다 이겨낼 수 있었던 것은 바로 유머였다. 빅터 프랭클린의 《죽음의 수용소에서》 책에서 아우슈비츠 수용소의 지옥만큼 극한 상황에서도 살아남은 사람들은 따뜻하고 유머러스한 말 한마디를 하고 빵 한 조각을 나누어주는 사람이었다.

유머는 어떤 상황에서도 일어설 수 있는 능력과 초연함을 가져다주는 힘이 있다. 그래서 나도 남들이 힘들다고 도망치고 싶은 코로나 와중에도 웃을 일을 한 번이라도 만들려고 노력했다. 전역한 손님에게는 쿨피스에 "축 전역"을 써주고,

생일인 손님에게는 편의점 조각 케이크 기프티콘을 보냈다. 배달 착오로 음식이 덜 왔다고 하면 환불해주며 '오늘 든든한 한 끼를 못 챙겨드려서 미안해요. 내일 아침에는 바나나우유 한 잔 하고 출근하세요.'라고 문자와 함께 바나나우유 기프티콘을 보냈다. 떡볶이가 매운맛이 덜 하다고 불만족 하는 고객에게는 불닭 컵라면 기프티콘을 보내주고 '오늘 스트레스 확 풀고 싶었는데 떡볶이가 덜 매워서 미안해요. 담에는 불닭 면처럼 맵게 해줄게요.'라고 답을 보냈다. 환불도 해주고 기프티콘까지 보내는 것은 오버 아니냐고 남편이 몇 번을 말렸지만, 중요한 것은 당장 천 원 더 나가는 것이 아니라 손님에 대한 배려이기 때문이다.

유머를 장착하기 위해서 스스로도 습관화하고 있다. 주방에서 일하다 보면 나도 모르게 손을 베일 때가 종종 있다. 설거지를 맨손으로 하다가 양념의 짠 기운이 닿아 따가운 것을 느끼고 베인 걸 알아차렸다.

'언제 다쳤지? 칼을 잘못 잡았나? 싱크대 뾰족한 데가 있나?'

어디서 베였는지 그 원인을 찾기 시작하다가 생각을 바꿨다. 이미 벌어진 일을 뭐 굳이 찾는가 싶어서 밴드라도 하나 찾아서 붙였다. 그런데 손바닥과 손목이 이어지는 곳이라서 밴드를 붙이기도 애매한 자리였다. 설거지하면 다시 떨어질 것 같고 가만히 들여다보다가 "어머, 명줄이 길어졌네." 생각하니 웃음이 났다. 손금 중 가운데 길게 손목 방향으로 나 있는 곡선을 명줄이라고 하는데, 나는 손금이 길게 이어지지 않았다. 그런데 신기하게도 살짝 베인 자국이 명줄 밑으로 이어져 있었다.

상처가 나면 대부분의 사람들은 누가 이렇게 만들었냐며 탓하기 바쁘다. 세상 탓, 나라 탓까지 해야 직성이 풀리는 일도 있지만 세상을 바꾸는 것보다 내 생각을 바꾸는 게 가장 쉽다. "명줄이 길어졌네." 생각하고 웃고 넘기는 것이 속 편하다.

유머는 한번에 만들어지는 습관이 아닌 것 같다. 어려움 속에서도 뒤집어볼 줄 알고 웃을 일을 찾으려고 할 때 길러지는 힘 같다. 주변에 "나 힘들어! 나 피곤해!" 하는 얼굴로 인사하는 분들을 많이 보는데 티 내지 않으려고 해도 얼굴에 찌듦이 그대로 보인다.

우리 가게에는 쿠팡 배송 해주는 분이 있는데 항상 웃는 얼굴이다. 물건을 문 앞에 놓고 가도 되는데 안에 넣어주고 가야 안심이 된다면서 꼭 안에 넣어주고 간다. "물이라도 한 잔 드릴까요?"라고 말을 건네봤는데 반가워했다. 단숨에 물을 들이키면서 "감사합니다."라고 연신 인사를 하길래 "혹시 식사 안 하셨으면 김밥이라도 하나 드릴까요?"라고 물었다.

배송할 때가 많다고 서둘러 가야 한다길래 도대체 하루에 몇 개나 배송하는지 물었다. 나에게 휴대전화를 내밀며 하루에 800개를 한다고 보여준다. 건당 780원 정도 수수료를 받는데 아침 일찍 나와서 밤늦게까지 800군데를 돌아다닌다는 이야기였다. 그것도 남자분이 아니고 여자분인데 이게 가능하다고 하면서 놀란 적이 있다. 그녀는 석 달 만에 체중이 20킬로그램이나 빠져서 다이어트도 되고 돈도 벌었다며 웃으면서 말했다. 휴대전화의 쿠팡 배송처가 표시되어 있는 것을 보여주면서 게임 하듯이 한다며 행복해했다.

같은 일을 해도 노동으로 하는 분도 있고, 게임처럼 하는 분도 있다. 나도 설거짓거리가 쌓여 있으면 하나둘 세어 가면서 게임 하는 것처럼 해봤다.

"이번에는 컵 들어오세요. 다음 손님 접시 들어오세요."

일에 치이면 가끔 웃음도 잃게 되지만 그 모습이 그대로 손님에게로 전해진다는 것을 기억해야 한다. 장사하는 사람들은 유머와 웃음을 유지하는 것이 중요하다. 짧은 유머와 미소만으로도 나의 가게 명줄을 길게 할 수 있다.

# 떡볶이도 울면서 만들면
# 쓴맛이 납니다

# 위기일 때가 공부할 시간입니다

**위기를 다루는 것은**

**기회를 볼 줄 아는 힘을 다루는 것이다.**

"가게 차리면 한 달에 얼마 벌까요?"

사실 평균 200만 원도 못 버는 분들이 많다. 택시 운전하는 분들도 하루에 14시간씩 일하는데 180만 원 번다고 한다. 더욱이 식당 하는 분들은 하루 12시간 넘게 가게를 지키고 있어도 한 달 200만 원도 못 가져간다고 푸념한다. 시간당 최저 아르바이트비도 못 뽑는 것이다. 많이 팔아도 인건비, 재료비, 치솟는 물가까지 소상공인들의 고민이 많아지는 요즘이다. 장사를 시작한다면, 최저 시급보다는 더 벌어야 한다. 그 비법은 무엇일까.

## 기본도 모르고 어떻게 장사를 시작해요?

〈골목식당〉의 백종원 아저씨가 제일 많이 하는 말이 있다. "기본도 모르고 어떻게 장사를 해요?" 제대로 준비되지 않은 '묻지 마' 창업에 뛰어들 젊은이들을 위해 꼭 이야기해주고 싶은 게 있다.

혹시 지금 가게를 차리는 것도, 가상화폐와 주식투자처럼 누가 돈 벌었다는 이야기만 듣고 창업한 것은 아닐지 걱정된다. 나도 한때 돈을 벌 것 같은 환상에 빠져 비트코인에 손을 댄 적이 있다. 2018년 비트코인 광풍이 불었을 때 은행도 다녔으니 돈 좀 안다고 덤벼들었는데 웬걸, 아파트 한 채를 날렸다.

처음부터 날린 것은 아니었다. 10만 원을 넣었더니 하루 만에 2만 원을 벌고 100만 원을 넣었더니 20만 원을 벌었다. 그럼 천만 원을 넣으면? 200만 원을 벌겠다는 생각에 아파트 담보대출로 받은 돈을 넣게 되고, 부푼 기대로 5천만 원이라는 돈을 넣었는데 한 달 만에 0이 하나 사라지는 허망한 기적을 봤다. 500만 원으로 쪼그라든 숫자에 숨을 쉴 수 없었다. 목구멍이 쪼그라드는 기분이었다.

높은 곳에 올라가서 '이번 생은 끝났어.'라고 포기하고 싶은 순간이었다.

그때 엄마에게 전화가 왔다. "무슨 일 있니?" 엄마 뱃속으로 키운 딸이라 그런지 목소리만 들어도 다 알아챘다.

"아니야, 아무 일 없어."라고 대답했지만, 엄마의 대답은

"너까지 잘못되면 엄마도 따라 죽는다."라는 말에 소리 없이 눈물만 흘렸다.

'너까지 잘못되면… 너까지 잘못되면….'

몇 년 전 남동생이 그놈의 돈 때문에, 생활고로 스스로 목숨을 포기했다. 그런데 나까지 같은 이유로 엄마 가슴에 한이 되면 안 되겠다는 생각에 정신을 차렸다. 투자를 잘못해서 아파트를 날렸다고 엄마에게 솔직히 말했다. 엄마는 아파트 담보대출을 받아줄 테니 어떻게든 살아내라고, 살아있으면 뭐라도 할 수 있다고 나를 부여잡았다.

## 살면 방법은 다 있다고, 죽은 사람이 억울한 거라고

엄마가 나에게 하는 말에 갑자기 억울해졌다. 나는 명품 하나 산 것도 없고, 좋은 차를 산 적도 없는데 손가락 몇 번의 클릭으로 만져보지도 못한 돈을 날리다니 돈을 잃은 이유라도 알아야겠다고 다짐했다.

그리고 책장에 꽂혀 있는 주식과 돈 관련된 책을 꺼내 보기 시작했는데 비트코인을 시작할 때 책을 몇 권 사둔 게 있었다. 그런데 단 한 권도 끝까지 읽지 않고 시작한 것이 문제였다.

잃고 나니 비로소 필요한 것이 보이기 시작했다. 위기(危機)는 위험과 기회라는 단어가 합쳐져 있다. 위험한 순간에서 1센티미터만 더 가면 기회라는 글씨가 있다.

그런데 기회라는 글씨는 보지 못하고 위험에서 포기해버린다. 위기에서 기회는 공부를 시작할 시간이다. 위기를 다루는 것은 기회를 볼 줄 아는 눈을 기르기 위한 시간이다.

## 딱 1년만 공부한다는 마음으로

성공은 유튜브에 나오는 빨리감기처럼 쉽게 되지 않는 것 같다. 분명히 그 안에 과정이 있는데 결과만 보이는 10분짜리 영상처럼 단시간에 성공할 수 있을 거라는 기대는 금물이다. 10분짜리 영상에 10년의 노하우가 담겨 있는 눈을 길러야 한다.

나도 한 권의 책을 쓰기 위해 300권의 책을 읽고, 9년의 장사를 위해 12년의 텔레마케터 경험이 뒷받침되었다.

성공하고 싶다면 딱 1년만 공부한다는 마음으로 시작해보자. 인생은 직선이 아닌 곡선이고, 성공에는 지름길이 없다. 지금 내가 만들어가는 길이 직선이고 지름길이 되어야 한다.

# 마음을 살짝 끼워 넣어 보세요

**내가 먼저 마음을 내주기 시작했을 때**

**손님들은 소문을 내주기 시작했다.**

장사에서 성공한 사람들이 가장 많이 하는 말 중에 공짜로 주라는 말이 있다. 그런데 많은 사장님들이 공짜로 주기가 제일 어렵다고 한다. 먹어봐야 또 찾지요. 빵집에 가도 시식 코너가 있다. 빵 한 개를 잘게 썰어서 맛보게 하고 열 개 팔 수 있으면 잘하는 거다.

덤이라는 것은 같은 값어치에 대가 없이 조금 더 얹어주는 거다. 물건뿐만 아니라 마음도 덤으로 주는 장사를 할 때 손님은 다시 찾아오기 마련이다.

손님과 이해관계로 만들어진 사이가 아니라 인연으로 이

어진 사이가 되어야 한다. 손님을 연인 보듯 관찰하면 해줄 수 있는 서비스가 보인다. 우리 엄마는 시장에서 일한 적이 있다. 생선 파는 가게에서 일할 때는 동태를 사러 온 손님에게 미더덕을 한 줌 넣어주면서 "이거 넣으면 국물이 더 시원할 거예요."라면서 챙겨주곤 했다. 사장보다 인심이 좋은 직원이었다.

날이 풀린 봄날에는 채소 판매하는 곳에서 일하셨는데, 상추를 사러 온 손님에게는 저녁에 삼겹살을 먹냐며 미나리를 돌돌 말아서 넣어주셨다. 한 번 온 손님에게 두 번 오도록 마음을 끼워 넣는 방법을 실천하고 계셨다.

그 엄마의 그 딸인지 나도 손님을 대할 때 마음을 끼워 넣는 한마디를 꼭 건넨다. 오징어튀김도 먹고 싶고 김말이도 먹고 싶은데 망설이는 손님이 있으면 김말이를 하나 더 넣어준다. 떡볶이도 먹고 싶고 떡꼬치도 먹고 싶다고 망설이면 떡꼬치는 서비스로 맛보라고 건넨다.
"이것도 같이 드셔보세요."
다음에 오시면 꼭 시켜보라는 말과 함께 전한다.

당장은 밑지는 장사처럼 보이지만 장사는 길게 봐야 한다. 오늘 한 번 오고 마는 손님이 아니라 두 번, 세 번 오는 손님을 만들어내자. 손해 보는 것 같지만 튀김 하나, 떡꼬치 하나 더 주는 금액은 100~200원밖에 되지 않는다.

일단 손님이 가게에 대한 좋은 인상을 갖고, 음식이 맛있다면, 그 손님은 반드시 다시 찾아온다. 한 사람의 전화번호 목록에는 200명 이상의 절친한 인맥이 있다고 한다. 나는 한 사람이 아니라 한 사람으로부터 이어지는 200명의 잠재고객을 생각하며 장사를 한다. 한 명의 고객을 만족시킬 수 있다면 200명의 고객이 올 수 있다고 믿는다.

시장 사람들에게서 내가 배운 것은 한 번 오는 손님이 아니라 꾸준히 찾아와주는 손님을 만드는 비법이었다. 요즘 가게들은 인스타나 블로그 맛집 홍보에 신경을 쓰고 기본적인 것을 놓치는 경우가 많다. 손님이 많이 찾아오게끔 하는 중요한 본질은 맛도 맛이지만 가게를 만났을 때의 느낌이다. 사장이 내 마음을 알아주는 것 같고, 하나를 더 챙겨주려는 마음이 보일 때 가게를 기억하고 소문을 내준다.

가게에 갔을 때 추억, 에피소드가 있으면 친구들에게 자랑할 게 생긴다. 맛이 좋다는 소문보다 더 빠른 가게의 스토리이고 브랜딩이다. 그래서 신규고객 유치도 중요하지만, 더욱 신경 쓰는 것이 기존 고객 유지다.

더욱이 동네 장사는 시장 장사랑 많이 닮았다. 한 사람의 단골이 다른 사람들을 데리고 오고 언니 동생 하면서 서로 부르다 보면 서로 챙겨주고 싶은 마음이 들게 마련이다.

장사 한두 해 할 것이 아니라 오래 하고 싶다면 지금 당장 천 원 더 버는 것에 목숨 걸지 말자. 지금은 천 원을 손해 보는 것 같아도 내 가게를 기억해주는 사람으로 3명을 더 만든다는 각오로 해야 한다. 그럼 3명이 3명을 더 데리고 와서 매출을 올려준다. 한 사람이 세 사람에게 소문을 내고 3명 각각 3명을 데리고 오면 총 9명이 된다. 마케팅의 시작은 이 9명에서부터다.

덤을 주는 것도 맛을 보여주는 것도 단골을 만들고 다음 손님을 데리고 오기 위한 투자라고 생각해보자. 절대 손해 보는 게 아니다. 내가 베푼 것은 어떤 형태로든 분명히 돌아온다는 말을 기억하고 오늘 손님 3명을 만들기 위해 먼저 말을 걸고 서비스하는 방법을 만들자.

# 당신에게 남이란 없다

**나에게 남은 없다.**

**아직 안 만난 친구만 있을 뿐이다.**

직장생활을 했을 때의 일이다. 퇴근길, 그냥 집에 가기 아쉬운 날이 있었다. '친구라도 불러서 한잔할까?' 직장 동료랑 상사 욕이라도 한바탕하고 갈까 하다가 '됐다. 그게 다 무슨 소용이냐' 하면서 혼자 한잔하려고 투다리를 들렀다. 늘 친구들이랑 와서 왁자지껄하게 떠드는 나를 기억하는 사장님은 혼자 온 모습에 놀란 듯 왜 오늘은 혼자냐고 묻는다. 마침 배경 음악으로 터보의 〈회상〉이 나오고 있었다.

'왜 혼자만 온 거냐고 넌 어딜 갔냐고….'

나는 실연 당한 사람처럼 참이슬 한 병을 까고 김치우동과

염통 꼬치를 시키고 메뉴판을 뚫어지게 보고 있었다. 그때는 스마트폰 시대가 아니라서 볼 것이 사람들 표정이나 메뉴판 뿐이었다. 그리고 울리지 않는 전화를 매만졌다. 희한하게 그럴 때는 전화 한 통도 안 온다.

그런 날이 있다. 전화를 걸려고 카톡을 한참 내려봐도 선뜻 전화를 누를 수 없는 날, 다들 바쁘겠지 하는 날, 나는 안주를 기다리며 소주병에 적힌 문구나 메뉴판을 보고 있었다. 그때 투다리 사장님이 나에게 말을 건넨다.

"오늘은 무슨 일 있어요? 제가 한잔 따라 줄까요?" 나보다 대여섯 살 많아 보이는 사장님을 삼촌이라고 불렀다. 삼촌은 덩치도 있고 거칠어 보이는데 말 모양새는 참 둥글둥글 예쁘게 말했다.

"아니요. 오늘은 그냥 혼자 한잔하고 싶어서요."라고 하니

"그럼 내가 술만 한잔 따라줄게요. 친구 필요하면 언제든 불러요." 말한 후 다른 테이블로 갔다.

내가 들른 곳은 술집이 많은 동네였고 대전에서도 유명한 집이라서 항상 사람들이 많았는데, 오늘은 나에게도 말을 걸어주는 것이 인상적이었다.

2장 떡볶이도 울면서 만들면 쓴맛이 납니다

내가 이 집을 자주 간 이유가 있다. 친구들과 술에 취해 휘청휘청 걸으며 나가는 날에도 문을 열어주고 "감사합니다. 조심히 가세요." 하고 허리 굽혀서 인사하는 사장님 덕분이다. 한때 어깨 형님들 사이에 있었나 할 정도로 90도 인사를 하시는데 친구들 모두 '까르르' 웃으며 좋아했다. 뭔가 엄청나게 대접 받는 기분이라고나 할까.

"고마워요, 삼촌. 우리 담에도 또 올게요." 하면서 술에 취해도 배웅받던 것이 기억나서 그 집을 제집 드나들 듯 2년은 족히 다녔다.


그런데 어느 날 사장이 바뀌고 주방이모가 가게를 인수했다. 서비스로 내주는 것도 비슷하고 맛도 똑같은데 이상하게 발길이 가지 않았다. 우리에게 콩나물국을 더 주고 술을 더 건네주긴 했지만 90도로 인사해주던 그 정감 있던 삼촌 사장님은 거기에 없기 때문이다.

장사는 물건과 돈이 오고 가는 것이 아니라 사람과 마음이 오고 가는 것이다. 연애하는 것도 아닌데 그런 것까지 해야 하냐고 묻겠지만, 좋아하는 여자가 생기면 어떻게 하는가? 무얼 좋아하는지, 어떻게 하면 웃게 해줄 수 있을지, 나를 한

번 더 보게 하는 방법을 생각하지 않던가.

장사도 연인을 기다리는 마음으로 해야 한다. 우리 손님은 뭘 좋아할까? 떡볶이 먹을 때 머리카락이 흘러내려 한 손으로 머리를 쓸어 올리면서 먹으면 불편할 텐데, 머리끈 하나 넣어줄까? 다 먹고 나서 입이 맵다고 손으로 부채질을 하고 있으면 어떡하지? 그럼 사탕을 하나 넣어줄까? 이런 마음으로 나는 장사를 한다.

도와주고 싶은 마음, 잘 해주고 싶은 마음으로 보면 세상에 작은 것도 예뻐 보인다. 엄마들은 카톡 프로필 사진에 꽃이나 돌멩이 사진을 많이 올려놓는다. 우리 엄마에게도 물어보니 애들 키우고, 남편도 보내고 나니 그냥 이렇게 살아 있는 것만으로도 감사하고, 풀꽃도 돌 하나도 예뻐 보인다고 한다. 그래서 나도 사람을 풀꽃처럼 하얀 조약돌처럼 보기 시작했다. 오늘처럼 꽃을 피우기 위해 얼마나 비바람을 맞았을까? 바위가 쪼개지고 모난 돌이 구르고 굴러서 둥글둥글한 조약돌이 되어 여기까지 올 때, 파도를 얼마나 맞았을까? 그렇게 보기 시작하니 크게 힘든 것도 미울 것도 없어졌다.

장사는 돈을 많이 들이지 않아도 감동을 주는 방법이 아주 많다. 사람 공부는 장사에서뿐만 아니라 살아가는 데 꼭 필요한 것 같다. 따뜻한 친화력은 사람에게 다가가려는 마음이다. 나의 강점은 사교성과 친화력인데, '나에게 남은 없다. 아직 안 만난 친구만 있을 뿐이다.'라는 말을 실천 중이다. 나에게 소주 한잔을 기울여주면서 친구가 되어준 투다리 사장님처럼 나는 오늘도 손님에게 1분이라도 친구가 되어주는 마음으로 말을 건다.

떡볶이와 순대를 내어주면서 "오늘은 한잔하시려고요?"라고 물으면 멋쩍은 웃음으로 "네"라고 대답하며 가는 손님의 뒷모습은 들어왔을 때보다 가벼워 보인다. 떡볶이와 순대를 들고 가는 손님의 퇴근길에 말 한마디가 온기가 되어줄 거라 믿는다.

# 울면서 만들면 쓴맛이 납니다

**내가 기분이 좋아야 장사도 잘된다.**

**내가 건강해야 가게가 산다.**

장사하면서 항상 이렇게 꽃 같은 마음이면 참 좋겠는데, 인생이 참 꽃 같을 수만은 없다. 가끔은 인생사가 터진 만두 같을 때도 있다. 손님이 없는 날 가만히 앉아서 TV를 보고 있었다. 도대체 우리 TV는 옛날 TV도 아닌데 맨날 옛날 영화와 〈무한도전〉만 나온다. 남편의 취향 덕분에 채널이 거의 고정되어 있기 때문이다. 은근 리모컨을 사수해야 권력이 있다고 생각하는지 내가 다른 데라도 틀려고 하면 맹수가 자기고기를 뺏긴 것처럼 나를 째려본다. 그래서 나는 채널 욕심을 버리고 그냥 틀어 있는 대로 본다. 그래서 내가 TV보다 책을 좋아하게 된 건지도 모르겠다.

남편의 영화사랑은 나까지 같은 영화를 여러 번 보게 했고 대사를 외울 지경이다. 〈강철중〉은 10번 넘게 본 것 같고, 〈쿵 푸 허슬〉은 8번 본 것 같다. 그날도 영화 〈쿵푸 허슬〉을 보고 있는데 내 귀에 캔디처럼 와닿는 대사가 있었다.

여주인공이 "울면서 만든 만두는 쓰고 짠맛이 나요."라고 한다. '어? 혹시 나도 울면서 떡볶이 만들면 쓰고 짠맛이 나 면 어떡하지?' 걱정이 되었다. 나도 사람인지라 기분이 안 좋 은 날도 있고, 더욱이 부부가 하는 가게는 묘하게 싸한 분위 기를 풍기곤 하는데 혹시나 눈치 보면서 떡볶이를 드신 손님 들도 있을 거다.

내 기분이 음식 맛을 좌우하지 않도록 좋은 기분을 유지하 려고 노력한다. 처음에는 손님에게 웃을 수 없으면 문을 안 여는 게 맞겠다는 생각에 남편과 싸운 날은 아예 가게 문을 닫아버렸다. 그것도 하루 이틀이지 기분이 오르락내리락할 때마다 문을 닫을 수 없으니 내 마음을 평안하게 하는 방법 이 필요했다.

그래서 책을 읽고 밤에 호흡 명상을 하기 시작했다. 7초 숨을 들이쉬고 7초 숨을 내뱉고 명상 유튜브 채널을 틀어놓고 잠들었다. 7초 숨을 내뱉는 순간에는 오늘 나를 힘들게 했던 일은 밖으로 밀어내고, 7초 숨을 들이쉬는 동안은 내일 좋은 일이 있을 거라며 자기암시를 했다.

호흡으로 흥분된 교감신경을 끄고 진정할 수 있도록 부교감 신경 스위치를 켜준다. 기분은 감정이 아니라 뇌 때문인 경우도 많다. 그래서 기분 좋은 것과 나쁜 것을 호르몬의 영향과 교감신경이라 생각하고 스위치를 온, 오프해주는 것으로 생각하며 기분을 전환한다. 나는 지금 기분이 나쁜 게 아니고 뇌에서 주는 신호가 감정을 만들어낸 것이라고 객관적으로 보기 시작했다.

감정이 손에서 전해지는 음식의 맛을 바꾼다는 것을 이제 나는 안다. 엄마들의 손맛은 따뜻한 손의 에너지와 따뜻한 한끼를 주고 싶은 마음이라는 것에서 힌트를 얻었다.

〈내가 기분이 좋아야 장사가 잘된다. 내가 건강해야 가게가 산다!〉 푯말을 가게에 걸어놓았다.
기분을 좋게 하려고 이슬 공주였던 나는 술을 끊었다. 대신 달달한 캐러멜 마키아토로 나를 기분 좋게 하는 일을 자꾸 만들었다.

내가 행복해야 나의 음식을 먹는 사람들도 행복해질 거라 믿는다. 이런 나의 마음을 어떻게 전할 수 있을까 하다가 손님의 리뷰에 답글을 달기 시작했다. 배달의민족 우수업체를 찾아 사장님 한마디 또는 리뷰 답글을 어떻게 남기는지도 찾아봤다. 나와 같은 여건에서 성공한 사람들의 비결을 따라해 봤다.

그중 한 손님의 리뷰에 놀란 적이 있다. 배달 우수업체 초밥집이었는데 손님이 사실 그날 죽고 싶은 마음이었단다. 마지막으로 자기에게 선물하는 의미로 초밥을 시켰는데 받아보니 비누 꽃과 손글씨로 쓴 편지가 있었다. "따뜻할 때 맛있게 드세요. 힘들어도 밥 먹으면 밥심이 생겨요! 힘내세요!"라는 글에 눈물이 펑펑 나더란다. 얼굴도 모르는 음식점 사장님이 정성 담긴 선물도 주고 이렇게 응원도 해주다니. 초밥을 다 먹고 나서 밥심이 생겼다고, 살고 싶어졌다는 글이었다.

《죽고 싶지만 떡볶이는 먹고 싶어》 책처럼 내 가게를 찾은 손님도 이 책의 주인공일 수도 있겠다 생각하면 허투루 그냥 보낼 수가 없다. 더욱이 나는 가족을 먼저 보낸 경험이 있어서 내 주변에서 더는 같은 일이 생기지 않도록 돕고 싶은 소망이 있다.

오늘의 한끼가 누군가에게 힘이 되어주면 좋겠다는 바람으로 나도 바로 비누 꽃 장미를 인터넷으로 찾아봤다. 우리 손님에게도 잠깐 웃게 해줄 수 있다면 나도 사람 살리는 일을 하는 게 아닐까라는 목표도 생겼다. 정신과 박사 정혜신 저자는《당신이 옳다》책에서 사람 살리는 일은 의사나 전문가만 하는 것이 아니라 사람 살리는 사람이 전문가라고 말했다. 내가 하는 떡볶이 장사가 누군가를 살릴 수 있는 일이 될 수 있다면 나 역시 사람 살리는 전문가겠지.

# 자신감을 잃으면
# 모두 적이 된다

**줄 서서 먹는 맛집의 비결은
주인장의 자신감이 필수다.**

매력적인 식당을 만드는 첫 번째 방법으로 대부분의 사람들은 우선 맛을 꼽는다. 그런데 음식점의 맛은 70점 이상이면 된다. 간이 맞으면 일반적으로 맛있다고 생각한다. 그런데 간을 맞추는 것은 측정기가 아니라 감각이다. 더욱이 감각은 레시피가 아니라 사장이 먹어도 맛있다는 자신감이다.

유명한 짬뽕집을 간 적이 있다. 점심 장사만 하는 곳이라 서둘러 갔는데 옆에 사장님 내외분이 짬뽕 한 그릇에 밥을 말아서 드시면서 "카, 이맛이야." 하시는 거다.

"사장님이 만든 건데 그렇게 맛있으세요?"라고 물었다.

"내가 먹어도 맛있는데요. 그럼 우리 손님도 그렇겠죠." 호탕하게 웃으며 대답하는 사장님을 보며 나도 내가 먹어도 맛있는 음식을 해야겠다는 각오가 생겼다.

내가 좋아하는 것이어야 더 나아지는 방법도 보인다. 주식도 남의 말만 듣고 사면 올라도 못 팔고 떨어져도 못 팔고 나 어떻게 해야 하냐고 다시 물어보게 되지 않던가? 그런데 자신이 정한 원칙이 있다면 스스로 결정할 수가 있다. 장사도 누군가 좋다더라는 말만 듣고 하면, 다음 액션도 다른 사람의 말을 들어야 한다.

식당은 내가 좋아하는 음식을 다른 사람에게 사장의 취향을 추천해주는 것이다. 돈을 벌 것 같은 근사한 메뉴로 장사하는 것이 아니라 내가 매일 먹어도 행복해지는 음식이어야 남에게도 권할 수 있다. 순대를 못 먹으면서 순대국밥을 차리려고 덤비지 마시라. 억지로 하는 일은 결과도 좋지 않다.

나는 지금도 이틀에 한 번은 떡볶이를 먹는다. 내가 튀김을 튀기면서도 김말이 맛있겠다, 오징어튀김 오늘 맛있어 보인다고 하면서 집어먹고 싶다. 나도 이렇게 이틀이면 생각나는데 손님은 오죽할까 하는 마음으로 신나게 만든다. 내가 하는 음식에 애정이 있는 만큼 손님도 그 마음을 느끼지 않을까. 떡볶이를 좋아해서 차리게 된 이야기도 손님에게 전해지면 좋다. 나는 떡볶이를 학교 다닐 때도 좋아했지만 장사하면서 더 좋아하게 되었다. 서울 가거나 지방을 가면 떡볶이집을 보면 그냥 못 지나친다. 서서 어묵이랑 떡볶이 한 접시라도 꼭 먹고 가야 했다. 같이 간 사람들이 떡볶이 사장이랑 떡볶이를 먹는다며 신기해하는데, 떡볶이 장사가 내게는 체질인가 보다.

내가 좋아하는 음식으로 가게를 만든 이야기는 가게의 스토리가 된다. 그리고 이 집에서만 먹을 수 있다는 유일무이한 브랜드가 되기 시작한다. 대전에 오면 먹어야 하는 음식, 성심당과 오매불떡 떡볶이, 이렇게 기억에 남게 하고 싶은 것이 나의 바람이다. 한번은 도 여사네 가게를 네이버에 찾아도 안 나온다고, 빨간 모자 떡볶이를 검색했는데도 안 나온다고 전화가 왔다. 우리 가게 이름은 오매불망 기다려지는 오매불떡이다.

이름을 보면 생각나는 것, 퍼스널브랜드를 만드는 것도 방법이다. 나의 음식에 진실과 자신감을 담고 재료를 속이지 않고 원칙을 지킨다. 줄 서서 먹는 맛집의 비결은 맛있어서가 아니라 음식에 대한 자신감이다.


## 내가 하는 일은 부끄러운 일이 아니라 남들이 '부러워하는 일'이 되어야 한다

떡볶이라고 하면 어떤 냄새가 떠오르는가?

고소하고 매콤하고 맛있을 거 같고 그런 향기가 먼저 생각날 거다. 그런데 가끔은 내 몸에 배어서 지우고 싶을 때도 있다. 하루는 그런 냄새를 지우고 싶어서 목욕탕에 갔는데, 세신사 아주머니께서 나를 보고 "분식집 하나 봐요." 하고 단번에 알아본다.

혹시 우리 가게 손님인가 내가 아는 분인가? 하고 놀랐는데 "나도 분식집을 오래 했는데 머리카락에 밴 이 기름 냄새는 잘 빠지지 않죠."라고 말한다. 남들은 좋은 향기가 나는데 나는 음식 냄새가 나는 건가 하면서 부끄럽기도 하고 오는 내내 계속 마음에 걸렸다.

향수로 가려볼까 하는 마음도 있었다. 그런데 내가 9년 넘게 장사해오면서 하지 않는 것이 세 가지 있다. 바로 향수, 화장, 핸드크림이다. 고소한 나의 음식에 혹시라도 화장품 냄새가 밸까 봐 이 세 가지는 쓰지 않는다.

언젠가 한번 이런 나에게 향수를 선물한 손님이 있었다. 배달의민족 '사장님 한마디' 란에 '엄마 환갑으로 여행가요, 하루는 쉽니다.'라는 공지 글을 올렸는데, 그 글을 본 손님이 늦은 퇴근길에 뛰어오더니 샤넬 미니어처 향수와 립스틱 샘플을 선물해주셨다.

"감사해요. 그런데 음식 하는 사람은 향수를 쓰지 않아서요."라고 정중히 거절했더니, 그래도 여행 갈 때는 예쁘게 하고 가세요, 라며 내 손에 선물을 꼭 쥐여주었다.

마음이 참 예쁜 사람, 얼굴도 참 예뻤다. 사실 그 손님이 올 때마다 부러운 내색을 한 적이 있다. 그 손님이 가게 문을 열고 들어오면 진한 향수 냄새가 났는데, '나도 저렇게 우아한 향을 내는 직업을 갖고 싶다.'라는 생각이 들었다. 그래서 손님에게 넌지시 물어봤다.

"언니에게 좋은 향이 나네요. 무슨 일 하세요?" 물었더니 근처 백화점의 샤넬 화장품 가게를 다닌다고 했다. 부럽다는 말이 나도 모르게 나왔나 보다. 그걸 손님이 기억하고 있었다. 덕분에 나는 튀김 냄새 대신 향수도 뿌리고 빨간 모자 대신 빨간 입술을 바르고 제주도를 다녀왔다.

그런데 생각해보니 장소나 상황에 따라 나에게 어울리는 향기가 바뀐 것뿐인데, 내가 먼저 냄새라고 표현하고 자신감을 잃었던 게 아니었을까?

그때 〈자신감을 잃으면 모두 적이 된다〉라는 말을 들은 적이 있다. 그래서 생각을 바꿨다.

나는 샤넬 향수를 부러워하지 않는다. 없어서 못 쓰는 게 아니라 있어도 안 쓰는 것. 향수보다 내 떡볶이 향을 지키는 것이 더 중요해서 쓰지 않는다.

아마 나와 같이 몸에 향기가 배는 일을 하는 분들이 많을 것이다. 그것은 자신의 향기를 지켜야 하는 게 있다는 것이다. 내가 이렇게 지켜온 향기가 명품 향수보다 더 좋은 향기라는 것을 나는 이제 안다.

향수 안에 사용 설명서가 들어 있었다.

〈손목 안쪽에 맥박이 뛰는 곳에, 따뜻한 온기가 느껴지는 가슴 안쪽에, 은은한 향을 원할 때는 체온이 낮은 귓볼 또는 무릎 안쪽에 사용하세요.〉

우리가 만들어내는 향기도 명품 향수랑 참 닮았다. 맥박이 뛰는 곳에서 열심히 뛰어다니면서 일하고 가슴이 따뜻한 사람들과 함께한다. 더욱이 낮은 곳에서 무릎을 굽히고 일하는 분들 덕분에 삶의 은은한 향기가 오래 기억되는 건 아닐까.

당신이 만들어낸 향기도 샤넬 넘버 파이브처럼 향수 이름을 한번 만들어보자. 나는 일을 할 때는 도 여사 넘버파이브와 빨간 모자를 쓰고 일한다. 그래서 지금은 나의 기름 냄새가 부끄러운 향기가 아니라 자랑스러운 향기가 되었다.

여러분도 오늘부터 자신만의 향수를 당당히 뿌리자. 그리고 혹시 주변에 나처럼 삶의 향기를 뿌리고 다니는 사람을 만난다면 "당신의 향기가 가장 아름답습니다."라고 꼭 칭찬해주자.

# 떡볶이 팔아도 사장이다

**떡볶이 한 그릇에도
사장의 마음을 담아낼 줄 알아야 한다.**

오늘은 늦은 점심으로 피자 한 조각 물고 있는데 손님이 들어왔다. 피자를 좋아하지도 않는데, 기프티콘이 생겨서 공짜로 먹는다고 좋다고 한 조각을 입에 물었다. 그런데 어쩜 온종일 손님이 없다가 뭘 먹을라고 하면 손님이 오는 걸까? 오히려 먹는 것을 방해한 듯해서 손님이 미안해하는 내색이다.

　"괜찮습니다. 잠시만 기다려주세요." 하고 주문을 받으면서 "어머, 언니 체크 무늬 재킷이 너무 예쁘네요." 말을 건넸다.

　"아 그래요? 오래된 건데…." 오래된 옷이지만 누군가 알아주는 순간 백화점에서 어제 옷을 산 것처럼 자랑하고 싶어진다. 기분 좋아진 손님도 나에게 말을 건다.

"혹시 사장님? 여기 있는 책은 사장님이 읽으시는 건가요?" 책장을 가르키며 놀란 듯이 묻는다.

우리 가게 입구에는 300권 정도의 책이 진열되어 있다. 잘 못된 투자로 돈을 날리고 억울해서 돈과 성공에 관련된 책을 읽기 시작했는데 1년여 만에 많이 쌓였다. 일반적인 떡볶이 집 풍경하고는 어울리지 않으니 손님이 놀랄 만도 하다. 이 정도로 책을 읽는 분이라니 대단하신 것 같다고, "사장님 뭐 하시는 분이세요?"라고 묻는다.

"저요? 떡볶이 파는 사람인데요."

나는 내가 떡볶이 사장이라는 점을 자랑스럽게 말했다.

"떡볶이집과 부자 되는 책들이 뭔가 안 어울리죠? 저도 그렇게 생각합니다."

시작은 책 한 권이었다. 돈 날리고 돈 잃은 이유라도 알고 싶어서 읽기 시작한 책과 선물 받은 책이 있었다. 옆집 카페 사장님이 나에게 책 한 권을 선물해주었다.

"사장님, 우리 힘들지만 같이 선한 부자가 되어요."라는 편지와 함께 《웰씽킹》이라는 책을 주었다.

힘든 순간, 나에게 돈 만 원 주는 사람도 없었는데 책 한 권 주는 사람이 참 고마웠다. 그 친절 덕분에 다시 일어설 수 있었다.

누군가의 작은 친절이 인생을 바꾼다. 불친절하거나 무례한 사람을 실제 만나보면 그동안 친절한 사람을 못 만나봤다고 한다. 그래서 나는 오늘 만나는 사람에게 친절한 경험을 선물해주고 싶다. 장사 또한 책을 선물해주는 마음으로 친절한 사람을 한번은 만나게 해주고 싶은 것이다.


장사는 기브 앤 테이크가 아니라 나누려는 마음이 있어야 한다. 큰 행복보다 작은 미소가 지어지도록 같은 경험을 공유하는 마음, 이것이 장사가 아닌 사장이 되는 마음이다.

내가 처음 가게를 하고 망하기 직전까지 갔던 것은 직원처럼 돈 주는 대로 받고 거스름돈 내주는 일만 하고 있었기 때문이다. 사장은 손님을 품을 수 있는 마음으로 역지사지 마음으로 보기 시작할 때, 사장 소리를 들을 수 있는 것 같다.

# 손님이 오는 길을 읽어낼 줄 아는 사장이 되고 싶다

퇴근길 작업복을 입고 온 남자분이 핸드폰을 내밀며 "딸이 이거 사 오라 하네요."라며 카톡에 적힌 주문 내역을 보여준다. '울 공주님' 이름과 토끼 같은 프로필 사진으로 보아 분명 딸이 아빠에게 보낸 메시지다.

〈치즈떡볶이 한 개, 맛감자 두 개, 튀오뎅 한 개, 빨간 참치 김밥 한 줄〉

이걸 내미는 아빠의 표정이 마치 내 딸이 이거 사가면, 좋아하겠죠? 아빠를 더 반겨줄 것 같죠? 라는 메시지가 숨어 있는 것만 같았다.

"따님이 여기 고등학교에 다니나 보네요. 학생들이 많이 시키는 메뉴에요."

"네 맞아요. 매일 이걸 먹는다던데요."

"네, 여기 고등학교 학생들은 졸업할 때까지 3년은 이 떡볶이를 먹지요. 학생들이 좋아하는 맛감자 튀김을 더 담았으니 맛있게 드세요."

덤으로 머리끈과 사탕도 넣었으니 딸에게 전달해달라고 아버지의 손에 건네주었다.

나의 아빠도 퇴근길에 뭐 사갈까 하면서 항상 전화를 했었다. 나는 초코파이와 우유라고 말했고, 남동생은 초코파이와 사이다를 먹겠다고 했다. 그럼 아빠는 초코파이와 우유와 사이다를 모두 사다 주셨다. 그럼 나와 남동생은 "아빠 최고" 하면서 달려들었고 서로 초코파이를 반씩 가르고 우유와 사이다를 챙겼다. 그래서 가끔 아빠들이 아이들의 카톡 메시지를 보여주며 주문할 때면 "아빠" 하고 반갑게 달려들 아이들 모습이 그려져 더 정성을 들인다.

떡볶이 한 그릇을 팔아도 사러 오는 길, 들고 가는 길을 읽어낼 줄 아는 사장이 되고 싶다. 가게에 들어오기 전까지의 발걸음 수를 떠올려보고 그 중 한걸음이라도 알아봐주려고 할 때 방법은 절로 보인다. 옷장에서 오래된 재킷을 꺼내 입은 걸 알아봐주듯이 말 한마디라도 전해줄 수 있는 건 생각보다 많다.

오지랖으로 보일 수도 있지만, 1분이라도 사람에게 관심을 두고 보기 시작하면 손님과 만날 수 있는 접점은 많다. 그리고 손님에게 힘이 되어준 말은 결국 나에게 돌아와 나의 가게를 살려주는 힘이 될 거라 믿는다.

# 만 원부터 다시 시작한다

**역경의 의미를 알면**
**역전이 가능하다.**

나는 할 수 있다! 나는 할 수 있다! 리우 올림픽에서 펜싱 박상영 선수의 말이 아직도 생생하게 기억난다. 할 수 있다! 자신 있게 이야기할 수 있었던 것은 그동안 꾸준히 연습한 자신을 믿었기 때문일 것이다. 작은 행동이 습관이 되면 인생이 달라진다는 말을 믿는다.

아마 이 책을 보는 분들도 나의 1년 전 모습처럼 연체와 독촉에 시달리는 분들이 있을 텐데, 종종 나에게 어떻게 신용불량자에서 벗어날 수 있었느냐고 묻는 분들이 있다.

무리한 투자로 집을 날리고 통장 압류가 됐을 때 다시 일어난 방법은 만 원부터 다시 시작하는 거였다.

그때 《돈의 속성》이라는 책을 만났다. 적은 돈이라도 모아서 묵직한 돈으로 만들어야겠다고 다짐하고, 하루에 만 원씩 100일을 모아서 100만 원이 되었다. 돈을 대하는 나의 태도가 달라지기 시작했다. 작은 돈이라도 소중하게 여기게 되었고 나의 통장은 달라졌다.

그때가 마흔 되기 전이었는데 살면서 가장 힘들었다. 코로나와 함께 빚투성이가 되고, 더 빨리 돈을 벌려는 마음에 빚투까지 하면서 그 바람에 집 한 채가 날아가버렸다. 가족들의 원망과 원성, 그리고 스스로에게 보내는 비난과 자책은 끝이 없었다. 모래성, 허황한 꿈이 나에게도 생기다니.

노란 하늘을 그때 처음 봤다. 바닥 밑에 지하, 지하 밑에 있는 더 깊은 지하까지 내려갔다 와보니 산다는 게 기적이구나, 깨닫지 않을 수가 없었다. 제대로 공부도 하지 않고 불나방처럼 빚투를 한 잘못으로 허망하게 돈을 잃고 배운 것이 하나 있다.

## 돈을 가장 빨리 버는 방법은
## 돈을 빨리 벌려고 하는 마음을 버려야 한다는 것

　사업과 투자의 기본은 복리라는 개념이 있는데 복리는 시간과 비례한다. 그런데 이 시간을 빼고 단시간에 돈을 벌려고 하면 부작용이 있을 수밖에 없다. 장사는 하루아침에 대박 나는 이벤트성이 아니라, 매일 꾸준히 하는 습관이 오래 장사를 할 수 있게 해준다. 나도 만 원씩 한 달을 모았을 때 30만 원이 된 금액을 보고 작은 용기가 생겼다. 그리고 조금만 더 해보자는 마음으로 100일을 채웠을 때 100만 원 잔액을 보고 든든한 마음이 들었다. 주변에 보면 돈 100만 원에 서럽고 죽겠다는 분들을 많이 봐왔다. 지금 통장이 0원이더라도 다시 만 원부터 시작하는 마음으로 당신도 다시 일어날 수 있다.

　100만 원 아낀다고 아르바이트도 안 쓰고 혼자 1인 운영하는 사장님들도 많을 텐데, 혼자 힘들게 일해도 누가 알아주기는커녕 보람도 없다는 분들도 많다. 더욱이 식당 하는 분들은 코로나로 손님도 없으니 월세 내고 전기세도 밀리고 대출도 못 내는 게 지금 1년이 넘었을 테니 얼마나 침통하겠는가. 식당은 코로나뿐만 아니라 조류인플루엔자가 있을 때 가게 문 닫는 뉴스도 종종 보게 되는데 장사하는 분들은 그때를 대비해서라도 돈 공부를 미리 해둬야 한다.

나도 돈 공부를 하기 전에는 벌어도 남는 게 없다는 말을 달고 살았다. 심지어 은행을 다닐 때에도 한 달에 10만 원 적금도 못 했다. 버는 것보다 쓰는 돈이 항상 많았다. 더구나 오르는 물가와 월세로 버는 것보다 지출이 많아지면서 장사하는 분들은 오히려 마이너스수익이라 카드로 생활하고 현금 서비스도 받고 대출받는 사람도 많을 것이다.

매일 밤, 허한 마음에 일 끝나고 누워서 스마트폰으로 핫딜, 특가를 눌러보는 분들이 있다. 나중에 사면 비쌀 것 같아서 지금 당장 필요한 물건도 아닌데 사는 습관, 정작 사놔도 쓸 일이 없고 예쁜 쓰레기로 자리 잡다가 버리는 경우도 많다.

그래서 나는 이제 일 끝나고 밤에 쇼핑 거래를 찾지 않는다. 필요한 물건만 그때그때 사고 만 원이라도 모으는 습관을 들였다. 출근길 스타벅스 컵을 들고 가면 뭔가 있어 보인다. '#스타벅스'라고 인스타에도 올리면 좋아요가 많이 달릴 것만 같다. 그런데 그 돈으로 나는 스타벅스 주식을 사겠다는 마음을 먹으니 특별한 날 한 번만 먹어도 충분해졌다. 이렇게 작은 돈부터 아끼며 통장 잔액을 흐뭇하게 보며, 1~2만 원이 남아 있으면 토스뱅크에 넣어두거나 미니스탁 계좌에 이체한다.

만 원은 가벼운 돈이라 생각할 수 있지만, 이렇게 시간이라는 힘과 같이 쌓이면 30만 원이 되고 100만 원이 되어서 돌같이 무거운 돈이 된다. 이것이 바로 돈이 돈을 만드는 종잣돈이다.

아래 해당하는 분들은 꼭 돈 공부를 했으면 좋겠다.

✓ 벌어도 한 달에 10만 원도 적금하기 힘들다.
✓ 남들은 주식으로 비트코인으로 돈 번다는 데 내 잔액
   은 마이너스다.
✓ 돈은 벌고 싶은데 돈 공부는 어떻게 시작해야 하는지
   모르겠다.

- ✔ 월급을 타도 카드값이 더 많이 나온다.
- ✔ 작년에도 이랬고 올해도 이렇게 지나가고 내년에도 이렇게 살 것 같아 겁이 난다.
- ✔ 아침에 눈 뜨면 오늘은 뭐부터 돈을 갚아야 하나 걱정이 앞선다.
- ✔ 나는 열심히 살고 있는데 통장은 늘 텅 빈 통장이다.

내가 돈을 모았다고 매출이 늘어난 것은 아니었다. 코로나가 길어질수록 매출은 줄어들고 손님은 없었지만, 통장 잔액이 늘어났고 마음의 여유가 그래도 생겼다. 돈 공부를 하면서 돈을 대하는 태도와 마음이 달라졌다. 이게 가장 큰 소득이었다.

## '때문에'라는 말보다 '덕분에'라는 말을 자주 쓰세요
## 역경의 의미를 알게 되면 다시 역전할 수 있다

모으는 습관이 생기면 쓰는 욕심이 없어진다. 이것은 욕심을 부리는 것과 욕심을 버리는 것의 차이를 알아야 한다. 욕심을 부릴 때는 절대 돈이 벌어지지 않는다. 욕심을 버리고 만 원이라도 소중하게 귀중하게 모으다 보면 돈이 슬금슬금 따라온다.

자! 오늘부터 하루에 만 원씩 모으는 마음으로 시작해보자. 내일 아니고 바로 오늘부터다. 이것이 바로 역경을 역전으로 만든 나의 비결이다.

# 장사는 경험을
# 선물하는 것이다

**장사는 눈과 발로 배우는 것이
가장 중요하다.**

장사가 잘되게 하고 싶다면 장사가 잘되는 가게를 보고 따라하면 빠르다. 나도 쉬는 날에는 남의 가게를 자주 간다. 떡볶이집을 하면서도 남의 떡볶이를 많이 사 먹는데 서울이나 부산 갈 일이 있으면 길거리 떡볶이집이라도 꼭 들러서 먹어본다. 그리고 블로그 맛집도 찾아가서 사진도 찍어보고 테이블 수가 몇 개인지도 살펴보고 서비스도 직접 받아본다.

장사하는 사람들에게는 비밀이 없다. 가게에 앉아있으면 직원들의 인사부터 인테리어, 상품 진열까지 모든 것을 한눈에 볼 수 있다. 떡볶이 맛집을 순례하면서 나도 배우는 것이다. 뭔가 배우려는 자세로 보면 내 가게에 적용할 것이 하나라도 있다. 그리고 바로 행동으로 옮기면 손님들도 좋아해준다. 장사는 사람을 만나야 하는 일이라 나도 다른 가게 가서 사람들과 대화하면서 많은 것을 배운다. 그것이 가장 빠른 방법이라는 것을 알기 때문이다.

친절한 서비스도 보면서 배워나갔다. 사실 나는 친절한 사람이 아니라 친절한 사람들을 많이 만났다. 미용실에 가서 머리를 감겨주는데 원피스를 입었더니 다리가 시렸다. 원장님이 눈치를 채고 무릎담요로 다리를 덮어주었다.

"와우! 섬세하시다."

그래서 나도 교복 입은 학생들이 오면 다리가 시릴까 봐 무릎담요를 준비해두었다.

그리고 유명한 식당을 갔더니 나오는 길에 사진을 찍어주면서 인화해주는 것을 봤다. 내 가게에서도 해보자 싶어, 핸드폰으로 찍은 사진을 바로 출력할 수 있도록 포켓 인화지를 준비했다. 한 장은 아이들에게 주고 한 장은 시간이 지나도 볼 수 있도록 한쪽 벽에 붙여두었다. 몇 년이 지났는데도 지금도 그 사진을 보러 오는 학생들이 있다.

다만 가끔 불친절한 가게를 만나게 될 때도 있다. 그럴 때면 이런 점은 나도 조심해야겠다고, 미리 배우는 것이라고 생각한다. 테이블에 음식을 내줄 때 툭툭 놓는 점원, 반찬을 추가하면 여기는 셀프입니다, 라고 딱 잘라 말하는 등등. 내 가게에서도 물과 앞접시, 포크 수저는 셀프이지만, 처음 오는 분들은 모를 수 있으므로 바쁘지 않으면 갖다 드린다.

"셀프인 줄 몰랐어요." 하면서 손님이 미안해하는 경우도 있는데, 그럴 땐 "괜찮습니다. 바쁘지 않으니 제가 드리겠습니다." 하고 세팅을 해드린다.

크리스마스 때에는 크리스마스트리 모양이 있는 냅킨을 깔아드린다. 분식집에서 경양식 집처럼 서비스를 받는 것 같다고 웃으시는 분들도 있어서 나도 즐겁다.

바쁘지 않으면 손님을 위한 작은 배려와 챙김은 얼마든지 해드리고 싶다. 손님을 챙겨주는 눈과 발은 얼마든지 내 가게를 장사 잘되는 집으로, 유명한 집으로 만들어줄 테니까.

## 3장

# 손끝 말끝으로
# 어떻게든 살아내는 힘

# 인사는 행사 톤으로

환대는
환하게 웃어주는 것이다.

우리 떡볶이 가게에는 초등학생부터 대학생까지 다양하게 오는데 유독 내가 예뻐하는 학생들이 있다. 인사 잘하는 아이들, 나에게 말 한마디 거는 아이들, 잘 웃는 아이들, 대답 잘하는 아이다. 예뻐하는 아이들이 오면 쿨피스는 공짜다.

그런데 떡볶이 가게에 오는 어른들일수록 인사도, 대화도, 미소도 찾기가 힘들다. 인색할 정도로 인사를 잊고 있는 게 아닐까 의심이 들 때도 있다. 나는 먼저 인사하고 말을 걸고 웃어주기로 했다.

남편은 자꾸 손님에게 먼저 말을 거냐고 한소리한다. 그렇다고 눈 마주침, 말 한마디 없이 손님을 그냥 보낼 수는 없다.

인사하고 웃는 건 당연한 건데 언제부터 앞뒤를 계산하며 좋은 손님, 나쁜 손님을 가르고 있는가.

장사하면서 가장 좋은 칭찬은 그릇을 싹싹 다 비워주고 "다음에 또 올게요."라는 말이다. 그리고 같은 손님이 다시 찾아와 주면 '나는 장사 잘하고 있구나!' 용기가 생긴다. 작년에 온 손님이 맛있다고 다시 찾아온 적이 있는데 음식 장사하는 나의 자부심이다.

나는 기억에 남는 좋은 가게가 되고 싶어서 손님들의 이름을 기억하기 시작했다. 이름을 모르면 메뉴와 오는 시간이라도 외운다. 우리 가게는 고등학교 앞 떡볶이집이라서 아이들 명찰을 보고 이름을 알 수 있다. 몰리는 저녁 시간에 예약할 때도 이름을 물어보고 이름을 크게 써서 테이블에 붙여준다.

"어서 와 태현아" 하면서 이름을 불러주면 아이들은 졸업할 때까지 나의 가게를 꼭 와준다. 이름을 기억한 덕분에 졸업한 학생들의 이름을 지금도 외우고 있다.

가끔 대학 가자마자 노랗게 염색하고 쌍꺼풀 수술을 하고 와도 다 알아본다. "어머, 예뻐졌네. 학교는 어디로 갔어?" 하면서 안부 인사를 묻는다. 이렇게 열 명을 알아봐주며 한 달이 일 년이 되고, 지금 9년이 되기까지 만 명이 다녀간 가게가 되었다.

배달의민족 리뷰 이벤트를 할 때도 손님의 닉네임을 받는다. 리뷰를 썼는지 안 썼는지를 확인하려는 게 아니라 손님의 이름을 기억하기 위해서다. 전화번호는 안심번호로 바뀌었고, 주소도 아파트 동, 호수까지는 외우기 어려워서 이름을 기억하기 위해서 닉네임을 받고 있다.

간혹 같은 사무실에서 여러 사람이 시키는 경우에도 누가 시키는 건지 알 수가 없어서 이름을 받아서 기억했다. 나는 숫자는 잘 못 외워도 한글은 잘 외운다. 지금도 배달앱의 닉네임으로 불리는 손님들이 있다.

"어서 와 슝슝아." "반가워요. 맛나고나 님."

우리 둘만 아는 이름이지만 닉네임을 불러주면서 "사장님, 저 또 왔어요. 오늘은 친구 데리고 왔어요." 하고 서로 웃는다. 이름은 내가 당신을 기억하고 있다는 징표다.

# 음식은 후각과 상상이다

**후각은 상상을 만들어주고**

**기분 좋게 오래 기억하게 해준다.**

코감기에 걸렸더니 미역국이 맹물처럼 아무 맛이 나지 않았다. 코가 막혔는데 왜 맛이 안 느껴지지? 궁금했다. 생각해보니 음식 먹을 때 혀가 닿기 전에 향을 먼저 맡는 친구가 있었다. 굳이 코에 대고 쿵쿵거리지 않아도 수저를 입 근처에 갖다 대면 향이 바로 느껴지는데 향을 먼저 맡으면서 맛있겠는데 하는 것이다.

음식은 눈으로 먼저 보고 코로 향을 맡고 맛을 느낀다. 눈으로 본 것을 기대하고 후각은 상상을 한다. 상상하는 동안은 행복감을 느끼게 해주는 도파민 호르몬이 나온다. 그래서 식사하기 전의 상상과 식사하는 중의 쾌감으로 좋은 감정이 기억된다.

나는 장사하기 전에 아로마테라피를 배운 적이 있어서 아로마테라피 자격증을 가게에 딱 하고 걸어놨다. 가게 처음 했을 때는 여기저기 상장을 붙여놔야 좋은 줄 알고 아로마테라피 자격증, 강사 자격증, 보건복지부 장관상 탄 것까지 쫙 걸어놨다. 그랬더니 손님들이 떡볶이를 기다리는 동안 한참 보더니 묻는다.

"사장님, 아로마테라피는 음식과 무슨 관계가 있어요?"

어? 당황스럽지만 임기응변을 발휘해서 바로 답했다.

"음식도 아로마테라피처럼 힐링이 되지요."

"아~ 그렇죠." 손님도 이해되는 듯 수긍했다. 음식이란 먹는 생존의 욕구뿐 아니라 힐링 받을 수 있는 경험이다.


《죽고 싶지만 떡볶이는 먹고 싶어》라는 책 제목처럼 힘든 순간에 떠오르는 음식이 왜 떡볶이였을까? 매콤한 떡볶이와 고소한 튀김 냄새와 더불어 떠오르는 사람이 있기 때문이 아닐까. 같은 향이라도 어떤 사람에게는 커피 향처럼, 어떤 사람에게는 초콜릿 향처럼 느껴진다. 그것은 그 향에 대한 기억 때문이다.

나는 서점에 가는 게 좋다. 종이 냄새가 돈 냄새랑 닮아서 좋다고 하는 사람도 있는데, 나에게 책 냄새는 장롱 밑에서 꺼낸 아빠의 겨울 니트 냄새 같다. 그래서 헌책방 가는 걸 좋아한다. 헌책의 첫 페이지에 쓰여 있는 문구를 보면 누군가에게 선물했을 추억이 소환되고, 밑줄 친 부분과 메모를 보면 읽은 사람의 취향과 기분을 느낄 수 있다. 이것이 바로 향기가 전달해주는 이야기다.

그래서 배달 갈 때도 고소한 튀김 냄새가 바로 나도록 포장 제일 위에 올려놓는다. 혹시 퇴근길에 승강기에서 치킨 냄새가 진동한 적이 있을 것이다. 그럼 나도 오늘 치킨 시켜 먹을까, 라는 생각이 들지 않던가. 일부러 치킨 배달할 때 승강기를 타고 다니는 사장님도 있다. 그리고 승강기에 전단을 딱 붙이고 온다. 그럼 그날은 치킨집이 대박이 난다. 냄새는 이렇게 사람을 자극하고 힐링해주며 먹고 싶다는 상상의 욕구를 일으킨다. 맛있는 냄새가 떠오르면 생각나는 가게, 그곳이 손님을 기분 좋게 해주는 가게다.

# 인증샷 중요합니다

**가게 사진을 매일 찍는 연습을 해보자.**

**가게의 성장일기 앨범을 만들 수 있다.**

요즘 사람들은 텍스트보다 이미지로 기억한다. 좋은 글을 끝까지 읽는 사람들보다 멋진 사진 한 장으로 기억하는 사람들이 많은 것이다.

어느 날 크리스마스 느낌이 나는 식당을 갔다. 창가에 전구 장식을 꾸며놔서 분위기가 좋아보였다. 다들 따뜻한 난방 테이블로 앉는데 우리는 바깥 테이블에 앉았다. 직원이 좀 추울 텐데 괜찮겠냐고 묻는다. 나는 호기롭게 답했다.

"괜찮습니다. 추운 것보다 저는 인증샷을 찍어야 하니깐요."

나는 어딜 가든 인증샷을 찍는다. 오늘 뭘 먹었는지 사람들과 소통하기 위해 매번 사진을 찍는다.

처음 가는 카페에서는 대표 음식이 아니라 사진 찍으면 예쁘게 나오는 메뉴를 묻는다. 야외나 조명에 쩽하게 사진이 잘 나오는 메뉴를 선택한다. 그리고 좋은 음식점, 멋진 커피숍에서 인증샷을 찍을 때는 창가 자연광에서 찍은 사진이 제일 잘 나온다.

개인 SNS를 하는 분들에게 인증샷은 필수다. 좋은 데 갔다 왔다는 장황한 설명보다 있어 보이는 사진 하나가 전달력이 빠르기 때문이다. 그리고 맛있어 보이는 사진은 전파력도 빠르다. 그래서 나도 우리 가게 시그니처 메뉴를 사진 찍었을 때 예쁘게 나오는 메뉴로 정했다. 고구마 무스가 올라간 고매떡이 적임이다. 빨간 떡볶이에 고구마 무스로 별표를 그리고 파슬리를 살짝 뿌린 메뉴인데 사진을 찍었을 때 '와' 하는 소리가 절로 나오게 만들었다.

두 번째 시그니처 메뉴는 로제 떡볶이다. 분식집에서는 볼 수 없는 비주얼로 크림과 토마토소스가 들어간 로제 소스에 떡과 스파게티 면이 들어 있다. 마늘빵과 마늘 후레이크도 올린다. 여기에 파슬리 초록색은 색감을 돋보이게 해준다. 빨간색과 초록색은 보색 되는 색이라 더 선명하게 보여주는 효과가 있다. 작은 파슬리가루도 대충 뿌리는 게 아니란 말씀.

튀김이 나갈 때는 튀김 바구니에 예쁜 유산지를 한 장 깔아준다. 키친타올을 깔아서 나오는 가게도 있지만 나는 빨갛고 초록 잎이 그려진 딸기 모양의 유산지를 사용한다. 튀김기름의 느끼함을 딸기 모양의 유산지가 상큼하게 만들어주는 듯 보인다. 시각적인 효과를 노렸다. 가게 테이블과 벽은 빨간색이 많이 들어가 있는데, 이 집은 매운 떡볶이집이구나, 라는 인상을 단번에 주고 싶었다.

시각적인 요소는 맛을 상상하게 해주는 역할을 한다. 야밤에 〈맛있는 녀석들〉 프로그램을 보면 갑자기 나도 먹고 싶다는 욕구가 생긴다. 그래서 사진을 찍을 때에도 맛있어 보이는 미적인 부분을 한번은 생각해야 한다. 사진에 잘 나오는 카페는 테이블이 하얀색이거나 조명이 형광등이 아닌 노란빛이 도는 할로겐 조명을 쓰는 경우가 많다. 우리 가게는 기존에 시설이 된 곳이라 조명을 따로 바꾸지 않았다. 그래서 메뉴 사진을 찍을 때는 옆집 카페 언니네 가서 찍기도 한다.

참고로 메뉴 사진도 사장님이 직접 찍고 수시로 올리는 것을 추천한다. 전문 사진작가를 불러서 찍는 건 돈도 들지만 내가 표현하고 싶은 것과 다르게 나오는 경우가 많다. 요즘은 스마트폰이 좋아서 사진 찍는 법을 유튜브로 간단히 배워 놓으면 충분히 찍을 수 있다. 그중에 깨알 팁을 알려드리면 사진 찍을 때 '음식 모드'가 있다. 인물 모드가 아닌 음식 모드로 찍으면 가운데 초점을 주고 배경은 뽀샤시가 된다. 그럼 내가 중점적으로 표현하고 싶은 음식이 돋보인다.

그리고 기본배율 1배가 아니라 2배로 확대해서 찍는다. 그럼 튀김옷의 살아있는 면도 다 나온다. 바로 집어먹고 싶은 생각이 들 정도로 생동감이 있다. 배달앱의 광고에 올리는 메뉴는 이렇게 직접 찍어서 올린다. 신메뉴가 나올 때도 바로 찍어서 올리고 오늘의 메뉴도 수시로 바꾼다. 보정 앱이나 포토샵을 하지 않아도 기본 카메라에서 따뜻하게, 선명하게 정도만 조절하면 충분히 맛있어 보이는 사진을 잘 찍을 수 있다.

셀카를 많이 찍어본 분들은 자신이 잘 나오는 각도를 알듯이 가게에서도 사진이 잘 나오는 포토존을 찾을 수 있다. 센스만 있다면 다이소에서 나무 포크와 냅킨만으로도 분위기를 바꿔가면서 멋진 사진을 찍을 수 있다. 크리스마스 때는 크리스마스 냅킨을 깔고 분위기를 내고, 가을에는 낙엽을 하나 주워와서 옆에 놓고 찍는다.

큰돈 들이지 않아도 사진을 잘 찍는 방법은 충분히 많다. 비싼 사진이 아니더라도 우리 가게 스토리가 느껴지는 사진으로 누구나 충분히 표현할 수 있다. 오늘부터 셀카 대신 가게 사진을 매일 찍는 연습을 해보자. 가게의 성장일기처럼 한 권의 앨범을 만들 수 있다.

# 손끝은 부드럽고 우아하게

**손끝은 발레리나처럼**
**부드럽고 우아하게 보이고 싶다.**

네일아트로 한껏 꾸민 사람들의 손끝은 우아하고 화려하다. 나는 요리하는 사람이라 네일아트를 하지 않지만, 손끝은 부드럽고 우아하게 보이려고 노력한다. 특히 음식을 내놓을 때 신경쓴다.

'손이 야물다'라는 말을 들어본 적 있는가? 사실 나는 덜렁거리는 성격이라 엄마에게서 항상 손 야물게 해야 한다는 소리를 많이 들으며 컸다. 그래야 두 번 일을 안 한다고 뒤꽁무니를 쫓아다니면서 잔소리하셨다. 나는 이왕 하는 거면 한 번에 마무리하자는 마음으로 완벽하게 하려는 편이다.

그렇다고 급하게 서두르는 손이 아니라 천천히 부드럽게 손을 다룬다. 어렸을 때 밥상에 숟가락을 탁 하고 올려놓거나 연필을 책상에 팽 하고 던지면 '쓰읍' 하고 엄마의 잔소리를 들어야 했다.

그래서 지금도 가게에서 음식을 놓을 때 소리가 나지 않게끔 노력한다. 냉장고에서 재료를 꺼내고 닫을 때도 쾅 닫지 않고 부드럽게 닫는다. 조용한 식당에서 팍팍 물건을 놓는 주방소리에 손님이 음식 먹다 놀랄 수도 있기 때문이다.


## 손님을 대접하라

사실 식당에 가서 직원이 불친절하다는 느낌을 주는 때는 음식을 내어줄 때의 모습이 좌우한다. 접시를 탁탁 소리 나게 놓거나 갖다 먹으라는 식으로 밀어서 주는 곳은 안 봐도 불친절한 곳이다. 반대로 좋은 식당을 가면 손님이 먹기 편하게 음식을 조용히 앞에 놓아준다. 그 손길 하나에 대접받고 있구나, 라는 느낌을 준다.

손님은 굳이 사장의 감정을 읽어낼 필요가 없다. 내가 손님에게 보이는 손길과 모습으로 우리 가게를 판단할 뿐이다. 바쁘다는 핑계로 손님이 이해해줄 거라 기대하지 마라. 바쁠수록 사장은 차분한 마음으로 손끝에 집중해야 한다. 바쁘다고 정신도 없고 손끝이 거칠어지면 손님에게 우리 가게는 불친절한 기억으로만 남는다.

## 천천히, 하나씩!

저녁 시간에는 배달이나 포장이 몰리는 경우가 많다. 손님이 많아도 다 감당하지 못해서 발을 동동 굴리는 경우가 많은데 이럴수록 하나씩, 천천히 하려는 마음을 갖는다. 그래도 마음이 조급해지면 소리 내서 천천히, 하나씩이라고 외치고 손끝에 집중한다.

명상할 때 호흡에 집중하는 방법이 있는데 잘되지 않을 때는 코끝에 집중하고 들숨과 날숨을 느끼라고 배웠다. 장사도 음식을 들이고 내주는 손끝에 집중해야 가게가 차분히 돌아간다. 마음만 급하다고 되는 것도 아니고 발만 빨리 움직인다고 손님에게 빨리 전달되지도 않는다. 바쁠 때일수록 손은 발레리나처럼 천천히 부드럽게 움직이려고 해보자.

## 바빠도 바빠 보이지 않는 것이 프로다

품위와 예의는 손끝에서 나온다. 거친 일을 하는 사람은 손이 까칠한 것이 아니라 손끝이 거친 게 있다. 나에게 어떤 분이 손을 보면서 거친 일을 하는데 손은 참 곱네요, 라고 했었다. 장사가 거친 일, 험한 일이라고 하는 분들도 있는데 내 손은 하얗고 통통한 손이라고 어르신들이 일복이 참 많은 손이라고 했다.

일복이 많다는 것은 그만큼 부지런해야 한다는 뜻인데, 손끝이 야물도록 꽉 힘을 주고 한다. 장사가 아무리 바빠도 내 앞에 있는 손님에게는 대충하는 것처럼 보이면 안 된다. "오래 기다리셨죠." 하며 말 한마디와 천천히 놔주는 손끝을 꼭 주시하며 놓는다.

바빠도 바빠 보이지 않는 것이 프로다. 프로는 손님에게 안심을 준다. 손끝이 거칠고 말끝이 거칠면 먹는 음식도 대충 만든 거 아니야 하며 의심받을 수 있다. 엄마들이 나물 무칠 때 맨손으로 무치는 게 맛있다는 것도 손끝에는 정성으로 맛을 내는 조미료가 들어 있기 때문이다.

# 말끝을 바꿀 줄 아는 사람

**날씨는 못 바꿔도 말씨는 바꿀 수 있잖아요.**

_이민호, 스피치 코치

손끝이 부드러운 사람이 있다면, 말끝이 부드러운 사람도 있다. 반면 말끝마다 투덜거리는 분들도 있다. 말끝마다 '내가 이러니! 내 주제에 무슨!' 부정적인 말만 하는 사장님들을 많이 본다. 손님이 없다고 투덜대다가 막상 손님이 몰아닥치면 정신이 없어서 본인이 인상을 쓰고 있는지도 모르고 장사한다.

나는 친절하고 다정한 말을 건네려고 애쓴다. 말에도 힘이 있다는 것을 알기에 말이라도 예쁘게 하려고 노력한다. 내가 하는 말을 제일 먼저 듣는 사람은 바로 나 자신, 그리고 상대

방 손님이다. 자신도 모르게 입에 '아이씨'를 달고 사는 사람들은 손님들도 가게 주인이 인상 쓰고 있다는 걸 느낀다.

## 말에도 힘이 있다

말은 자신의 인생도, 자신의 가게도 다르게 할 수 있다. 말에 힘이 진짜 있는지 엄마와 같이 재밌는 실험을 해본 적이 있다. 갓 지은 밥을 반찬통 두 개에 놓고 한쪽에는 '감사합니다'라고 써놓고, 다른 한쪽에는 '짜증 나'라고 써놓았다. 그리고 식탁에 올려놓고 감사한다고 쓰여 있는 것은 볼 때마다 '감사합니다. 사랑합니다.'라는 말을 해주고, 짜증 나라고 쓰여 있는 밥은 볼 때마다 욕을 퍼부었다. 그리고 일주일 뒤, 감사합니다 밥은 곰팡이가 하얗게 피었고 구수한 누룩 냄새가 났다. 짜증 나 밥은 시퍼런 곰팡이가 피었고 열자마자 썩은 냄새가 났다.

엄마가 나에게 항상 하는 말이 있다.

"돈 드는 것도 아닌데 말이라도 예쁘게 하라고!" 어릴적

나도 말을 예쁘게 하는 사람은 아니라서 잔소리를 많이 들었다. 그때는 지금보다 사는 게 더 힘들었던 시절이라 좋은 말이 나오지 않았다. 그래도 "감사합니다. 덕분입니다."라는 말을 자주했더니 인생이 풀리기 시작했다. 그리고 가게에 온 손님들의 표정도 바뀌기 시작했다.

우리 가게는 학교 앞이라 가끔 욕이 섞인 거친 말을 하는 학생들이 있다. 흔히 쓰는 비속어나 욕을 많이 하는데 지나가면서 주의를 한번씩 준다. 어른들도 있는데 그런 말보다 바른 말을 쓰라고 알려준다. 꼰대같아 보여도 식당에서 소리 내서 욕을 하는 것은 아니라고 알려주는 어른이 있어야 할 것 같았다. 그래도 다행히 학생들은 "네" 하고 따라주었고, 떡볶이를 먹으면서 욕을 하는 아이들이 점점 줄었다. 그리고 졸업하고도 다시 와주는 정겨운 곳이 되었다.

말 한마디 하는 것을 힘들어하는 사람도 있다. 손님이 들어올 때, 음식을 내어 줄 때, 손님이 나갈 때 예쁘게 말하라고 하면, '말주변이 없어서요.'라고 한다.

그런데 사실 '내키지 않아서요.'라는 말이 맞을 것이다. 손님과 눈 한 번 맞추지 않고 '어서 오세요. 맛있게 드시라'고 말만 툭 하는 경우가 많다. 나도 처음에는 표정이 무섭다는 말을 많이 들었는데, 그래서 거울 보고 씩 표정 지으며 밝은 얼굴로 인사하려고 노력했다,

웃는 것을 연습하니 손님에게 말 한마디를 걸 수 있는 용기도 한 번씩 생겼다.

가게에서는 웃으면서 인사하면서 가게 밖에서 만나면 인사를 안 하는 사장님들도 있다. 어차피 동네 장사 하면서 서로 자주 얼굴을 보는데 눈 안 마주치려고 애쓰지 말고 먼저 "안녕하세요."라고 인사하자. 서로 얼굴이 낯익은 손님들이 생기면 단골이 되고 "방금 달걀을 삶았어요. 더 맛있을 거예요."라고 말도 걸게 될 것이다.

나는 달걀을 하루에 두세 번을 삶는다. 한 번에 다 삶지 않고 한 번에 열댓 개만 삶아서 준비하는데 막 삶았을 때가 제일 맛있기 때문이다. 손님에게 말 거는 것이 어려우면 재료상, 택배 아저씨, 배달대행 기사님들과 이야기를 시작해보자. 달걀 하나 드리면서 "식사 안 하셨으면 달걀이라도 드릴까

요? 추운데 커피 한잔하실래요?" 하고 말을 걸어보는 것이다. 어른들이 하는 말씀 중에 자기 집에 온 손님은 빈손으로 돌려보내는 게 아니라고 물 한잔이라도 대접하라는 말이 있다.

우리 가게에 온 모든 분이 손님이라는 마음으로 말 한마디를 꼭 걸어보자. 그것이 서로 챙겨주는 마음이다.


## 인사는 최대한 하이톤으로 반갑게 한다

가게의 첫인상은 방문한 손님을 얼마나 반겨주느냐에 따라 달라진다. 가게를 판단하는 3초의 결정적인 순간이 되기도 한다. 아르바이트를 뽑을 때도 인사 잘하고 잘 웃는 사람을 뽑는다. 나는 말이 많은 편이라 내 이야기도 잘 들어주고 잘 웃어주는 직원이라면 우리 손님에게 언제든 미소를 지어줄 사람이라고 믿는다. 인사는 최대한 하이톤으로, 한 번 웃어주고 한 번 눈 마주쳐주고, 이야기 들어주는 것만으로도 손님들은 식당을 좋게 기억한다는 것을 많은 사장님들에게 꼭 알려주고 싶다.

# 음식에 담긴
# 공간과 경험을 팝니다

**음식 장사는**

**추억을 파는 가게다.**

"손님에게 물건을 팔려고 하시나요?" 마케팅을 배우고 싶다는 분들에게 물어보면 대부분 뭔가를 팔려고만 생각한다.

"아니요. 손님에게 줄 수 있는 가치는 무엇인가요?"

물건보다 당신이 줄 수 있는 가치를 생각해야 한다. 나도 떡볶이 장사를 처음 시작했을 때 음식을 판다고 생각했다. 그런데 한마디로 망했다. 그다음부터는 떡볶이가 아니라 떡볶이에 담긴 추억을 준다라고 방향을 바꿨다. 성공이었다.

"저는 떡볶이집을 하고 있어요."라고 인사하면 다들 "꺄! 떡볶이! 저 너무 좋아해요. 학교 다닐 때 진짜 많이 먹었어요." 난리가 난다. 떡볶이를 하루 세 끼 먹으라고 해도 먹을 거라며 좋아하는 사람이 얼마나 많은지.

나 역시 학창시절 떡볶이라는 단어만 들어도 떠오르는 장면이 있다. 매콤하고 쫄깃쫄깃하고 허름한 학교 앞 떡볶이집, 그리고 교복 스커트 밑에 체육복 바지를 입고 담을 뛰어넘어서라도 먹었던 그 추억들….

우리 가게는 고등학교 앞에 있어서 아이들이 야자(야간자율학습, 일명 야자)를 땡땡이치고 몰래 오기도 한다. 지나가다가 혹시 선생님한테 걸릴까 봐 에어컨 옆 안 보이는 자리에 웅크리고 앉아서 먹는다. 몰래 친구와 둘이 키득키득 웃으면서 떡볶이를 먹고 나면 포스트잇에 크게 이름을 써놓고 간다.

장사는 물건이 아니라 공간에 묻어 있는 경험을 파는 것이다. 장사를 처음 시작했을 때부터 한쪽 벽면에 아이들이 포스트잇을 붙일 수 있는 공간을 두었다. 9년 전이나 지금이나 아이들은 이름을 써서 붙이는 것을 좋아한다. 누군가에게 기억되기를 바라는 마음, 이 순간을 기억하고 싶은 마음일 것이다. 남자친구 이름을 썼다가 다음에 올 때는 떼버리는 친구도 있고 헤어지고 각각 다른 이성 친구와 오는 학생들도 있지만 나는 일단 모른 척한다.

음식 장사는 상품이 아닌 공간 속에 담겨놓은 메시지를 읽어낼 줄 알아야 한다. '나 어제 떡볶이 먹었어'라고 하면 '누구랑?'이라고 물어볼 것이다. 어디서 무엇을 먹었다는 것보다 어디서 누구랑 먹었다는 것이 더 오래 기억에 남기 때문이다. 음식보다 공간과 함께한 사람들이 먼저 떠오른다. 그래서 음식 장사는 추억을 파는 가게다. 한결같은 맛으로 한 자리에 머문 우리 가게는 결혼하고 아이를 낳고도 다시 오고 싶은 곳, 연애하던 시절에 왔던 곳, 입덧으로 유일하게 먹던 곳, 군대 가기 전에 먹던 곳이라는 추억의 꼬리표가 붙어 있다.

추억의 세월만큼 나도 나이를 먹어가고 있지만 그래도 떡볶이라는 이름 속에 담긴 추억의 향기를 느끼고 싶을 때는 언제든 찾아올 수 있는 곳으로 머물러 있고 싶어서 나는 오래 오래 장사하고 싶다.

# 사장이 편한 장사가 아니라
# 손님이 편한 가게

**손님을 미소짓게 하려는**
**마음을 그릇에 담다.**

토마토를 자를 수 있다면 식당을 할 수 있고, 병뚜껑을 딸 수 있다면 술집을 할 수 있다는《장사의 신》책의 내용이 인상적이었다. 천 원짜리 토마토를 잘라서 만 원에 낼 수 있다는 것은 무슨 차이일까? 바로 부가가치를 담는 것이다. 토마토를 씻어서 예쁘게 잘라 설탕을 뿌리고 멋스러운 접시에 담아냈더니 손님이 비싸다는 생각을 하지 않았다. 과정을 통해서 새로운 가치를 만들어냈기 때문이다.

　새로운 것을 만들어낸다는 것은 창조가 아니라 리매치이다. 세상에 새로운 것은 솔직히 없다. 만들어진 것을 믹스해서 새롭게 창조해야 가치가 생긴다.

그리고 중요한 것은 예쁘게 담아내는 그릇이 아니라 손님을 미소 짓게 하는 마음이 그릇에 담겨야 가치 있다.

"미소 짓게 하려는 마음"

그런데 이 과정을 빼고 맛만 좋으면, 모양만 예쁘면 된다고 생각하는 가게들이 많다. 음식 담아내는 용기는 예쁜 그릇이 아니라 미소를 담아내는 용기를 만드는 것이다. 어떤 노력보다 손님이 즐겁고 편안한 곳이 되어야 한다. 그릇을 놓는 손끝과 말끝을 강조하는 것도 마음을 담는 모양새이기 때문이다.

사장이 편한 장사가 아니라 손님이 편한 가게가 되어야 한다. 이것이 초심자에게는 당연한 말이지만 1~2년 차가 되면 점점 요령이 생겨서 사장이 편한 가게가 된다. 손님 앞에 세팅해야 하는 수저와 젓가락도 테이블 귀퉁이에 뭉텅이로 놓고 알아서 먹으라는 식이다.

잘되는 가게는 어떤 마음가짐을 갖고 있느냐에 따라 결정된다. 장사가 잘되는 가게는 손님에게 무엇인가 소중한 가치를 전해준다. 이 집은 뭐가 다르기에 이렇게 줄을 서서 먹는 걸까? 직접 가서 먹어보면 손님을 세심하게 배려한 느낌을 받는다. 먹기 편하게 한 번 더 커팅을 했거나 음식 내놓는 순서를 고려했거나 손님을 위한 배려가 보인다.

이런 서비스를 경험하고 오면 나도 우리 가게에 온 아이들이 먹기 편하게 튀김을 한 번 더 잘라주고, 튀김이 뜨거우니 천천히 먹으라고 말해준다. 그릇에 담은 것은 튀김과 떡볶이만이 아니라 배려도 담아낸다.

돈 내는 손님 덕분에 사장이 이득을 본다고 생각하지만, 반대로 손님은 돈을 내고도 이득을 본 것처럼 느껴야 한다. 손님이 생각한 것보다 1.5배 만족시키는 것이 손님을 끌어당기는 힘이다. 만 원짜리 판다고 만 원짜리 값어치만 할 생각하지 말고 만 오천 원짜리 서비스를 느낄 수 있도록 해야 한다.
가게의 가치는 사장이 만들고, 가게의 부가가치는 손님이 만들어준다.

4장

# 손님도 자주 보면
# 이웃입니다

# 빨간 모자를 쓰세요

**같은 운명에서 다른 태도로 바라볼 때**
**다른 결과를 만들 수 있다.**

2021년 코로나가 장기화되다 보니 배달로 어느 정도 잘 버텨오던 내게도 시련이 오기 시작했다. 좀 더 빨리 돈을 벌고 싶은 마음에 투자했다가 벌어놓았던 돈까지 날린 와중에 친정엄마도 10년을 다니던 요양보호사 자리를 그만두게 되었다. 시부모님은 동사무소에서 주는 환경미화 일을 하셨는데 코로나로 인해 나오지 말라고 했다며 수입이 없어지는 걸 불안해하셨다. 양쪽 집안에서 유일하게 돈 버는 사람은 나 하나였다. 벌어도 벌어도 빚은 갚기 바빴고, 메꿔도 메꿔도 티는 나지 않았다.

## 내가 빨간 모자를 쓰고 다니는 이유

장사라도 잘됐다면 좋았을 텐데 손님들도 각박해지는 세상처럼 마음도 삭막해지기 시작했다. 그날은 음식에서 머리카락이 나왔다고 댓글이 달렸는데 남편이 내 긴 머리카락이 원인이라고 했다. 위생 두건을 둘러쓰는 것만으로는 안 되겠다 싶어 미용실로 갔다.

"언니, 저 머리 좀 깎아주세요."

"얼마나?"

"삭발로 확 밀어주세요!"라고 했더니 안 돼 안 돼 얼굴 커보인다고 미용실 원장님이 말린다.

"그래도 괜찮아요. 밀어주세요." 했더니 왜 그러냐고 자꾸 이유를 물어본다. 장사하는 음식에서 머리카락이 나오면 안된다고 밀어달라고 했다. 안쓰러운 듯 짧게 커트를 쳐주겠다고 5센티미터 스포츠머리로 협상을 봤다. 그렇게 머리라도 빡빡 밀고 다시 일어날 기세였는데 미용실 원장 언니가 한번 더 놀란다.

"떡볶이! 원형탈모가 왔다! 이거 봐"하고 놀라는 것이다. 우리는 이름보다 서로 가게이름을 애칭으로 부르는데 앞머리 위에 오백 원짜리 동전만 하게 땜빵이 생겼다.

"무슨 일이야? 스트레스 받는 일 있어?"

"요즘 안 힘든 사람이 있나요?"

나도 힘들긴 힘들었나 보다. 거울을 보면서 눈물로 나를 다독였다.

나를 이렇게 만든 게 코로나 탓인가, 나라 탓인가, 내 탓인가, 한참을 생각하다가 누구 탓을 해봤자 무슨 소용이야! 내가 할 수 있는 것만 하자고 마음을 달리 먹었다. 혹시라도 손님이 놀랄 수 있으니 예쁜 모자나 하나 써볼까 하고 빵모자를 검색했다. 한번은 써보고 싶었는데 이왕 쓰는 거 내가 좋아하는 빨간색으로 샀다. 처음에는 가게에서만 쓸 거라 생각했는데 이 모자를 쓰고 서울, 부산, 전국을 다 다닐 줄은 몰랐다. 지금은 빨간 모자가 나의 시그니처가 되었다.

빨간 모자만 봐도 떡볶이가 생각나고 떡볶이 보면 도 여사가 생각난다고 연락이 오기도 한다. 의도하지 않았지만 내가 자주 보여주던 빨간 모자가 나를 생각나게 하는 퍼스널브랜딩이 되었다.

## 나의 약점을 드러내니 브랜드가 되다

우리 가게가 규모는 작지만 지금까지 살아남은 비결도 마찬가지다. 그 무엇이 와도 다시 할 수 있는 도전정신과 특유의 긍정 마인드로 무조건 해보는 것이다. 그리고 나의 선택이 최선이 되도록 수정하고 고쳐나간다.

무엇보다 약점보다 강점에 집중하자. 약점은 극복하는 것이지만 강점을 살리면 바로 1등 할 방법을 찾을 수 있다. 사람들은 보통 약점에 집중하고 남의 탓으로 끝나는 경우가 많은데 남 탓 대신할 방법과 근성을 갖고 있다면 같은 운명도 다른 결과를 만들어낼 수 있다.

환경 탓, 남 탓을 하더라도 결국 그 중심에는 내가 있다는 것을 알아야 한다. 안 좋은 환경 속에 밀어넣은 것도 나오지 못하는 것도 결국 나의 선택이기 때문이다. 머리를 팍팍 밀고 다시 일어나고 싶다면 빨간 모자라도 쓰고 다시 시작하자.

참고로 SNS 프로필 사진이나 대표 사진은 본인을 말해주는 고유의 이미지가 될 수 있다. 온라인상에서는 흔히 컨셉이라는 말을 하는데 가능하다면 자신의 사진을 걸어놓자. 멋있어 보이는 글귀보다 얼굴이 나오는 사진으로 해두어야 남들이 한번에 알아볼 수 있다. 그리고 사진은 블로그와 인스타, 페이스북 개인 SNS를 통일하는 것이 좋다. 이것도 가게 마케팅할 때 통일된 이미지를 보여줌으로써 자꾸 보게 하는 광고효과를 만들어낸다. 소비자에게 일관된 메시지를 전달하는 마케팅 전략 중 하나다.

마케팅의 시작은 퍼스널 브랜드 이미지 설정을 먼저 해야 하고 프로필은 사용자에게 상상할 수 있고 개성을 부여할 수 있는 색깔이 있어야 한다.

# 손님을 귀찮게 하지 말자

**기억에 남는 식당은 돈을 주고**

**나의 마음을 얻는 식당이다.**

떡볶이 먹을 때 같이 먹는 튀김 중 김말이가 제일 맛있다. 나도 다른 떡볶이집을 가면 꼭 시키는데 김말이를 통째로 주는 가게가 있어서 깜짝 놀랐다. 김말이는 당면이 김에 쌓여 있어서 한입에 잘 끊어지지 않는다. 먹기 편하게 반을 잘라서 줘야 하는데 사장님이 그냥 통째로 길게 준다. 튀김은 떡볶이 국물에 찍어서 한입에 쏙 넣어서 먹어야 하는데 그 긴 김말이를 이빨로 질겅질겅 씹는 모양만 생각해도 불편하다. 우리 가게는 손님들이 먹기 편하게 한 번 더 잘라서 튀김을 내준다.

나는 손님들의 먹는 모습을 자주 상상해본다.

'오징어튀김을 먹다가 튀김옷이 쏙 빠지면 어떡하지?'

그래서 튀김옷이 빠지지 않게 오징어튀김을 반 잘라서 먹기 좋게 내놓는다. 배달 가다가 다 흐트러지면 어떻게 하려고 잘라서 주느냐고 하는 분도 있는데, 예쁘게 잘라서 테트리스 쌓듯이 포장하면 절대로 튀김이 섞이지 않는다. 솔직히 바쁘니까 나 편하자고 손님이 알아서 먹겠지 하고 내보내는 사람도 있겠지만 마음을 한 번 더 써본다.

## 사장이 편하면 손님은 불편하다

포장할 때도 몇 가지 신경 쓰는 것이 있다. 처음 장사할 때는 떡볶이 포장 용기로 스티로폼(PSP)을 사용했다. 가맹 교육을 받을 때 보온에 강하다고 해서 사용했는데 대신 열에는 약했다. 뜨거운 떡볶이를 봉지에 담아서 배달 가면 그 열기에 스티로폼이 구겨져 손님이 다른 그릇에 덜어 먹는다는 것을 알았다. 집이라면 다른 그릇이라도 있겠지만 사무실에서라면 봉지째 먹거나 찌그러진 용기에 덜어 먹어야 한다. 떡볶이를 다른 그릇에 옮기면서 넘치기도 했다는 댓글을 보면서 보완할 방법을 찾아봤다. 고민하던 중에 컵밥을 시켜 먹다가 종이 용기를 찾았다.

"이거다. 유레카!"를 외치고 1인분 용기를 종이 용기로 다 바꿨다. 원가 한 개에 20원 넘게 차이가 나지만 그래도 먹기 편하게 하기 위해 내가 감수해야 하는 부분이라고 생각했다. 나도 한 번씩 종이 용기에 담아 먹어본다. 종이 용기의 크기가 여러 개여서 몇 번 사면서 적당한 크기를 찾았다. 1인분은 750cc 종이 용기에 담고 2인분부터는 내열 플라스틱 용기를 쓰기 시작했다. 용기가 바뀌니 대번에 손님들이 먼저 알아봤다. 먹기 편해서 좋다고 딱 먹고 분리수거 내놓기도 편하다고 했다. 사실 배달 음식은 차리는 것도 귀찮고 설거지하는 건 더 귀찮다는 마음을 알아차렸다. 그래서 먹을 때도 편하게 버릴 때도 편하게 바꾼 것이다.

사실 나는 떡볶이집을 하면서 다른 배달 음식도 많이 시켜 먹는다. 배달 상태가 어떻게 오는지 다른 집은 어떤 서비스로 제공하고, 리뷰 이벤트는 어떤 걸 하고 있는지 살펴보고 따라한다. 감자탕을 시켰더니 뼈봉투를 주는 것을 보고, 근처 공원이나 야외에서 배달주문이 들어올 때는 종량제 쓰레기봉투를 넣어주었다. 기분 좋게 먹고 가게 이름이 쓰여 있는 봉투를 그냥 공원에 버리고 가면 가게 이미지도 좋지 않을 것 같아서 쓰레기봉투를 같이 넣었다. 다들 쓰레기봉투 덕분에 쓰레기도 잘 챙겨왔다고 리뷰를 남겨주었다.

장사하는 분들은 분명히 다른 가게도 많이 가본다. '여기는 이게 잘못됐네! 불친절하네'라고 트집 잡지 말고 나의 가게에 적용할 수 있는 게 뭐가 있는지 반짝이는 눈빛으로 봐야 한다.

나도 쉬는 날에는 남의 식당을 간다. 좋은 식당은 역시나 서비스가 달랐다. "○○○ 매니저입니다." 메뉴 추천부터 세세한 설명을 해주고 고기를 많이 드시고 싶다면 도톰한 스테이크를 추천해주었다. 메뉴 설명만으로도 이미 고기를 썰고 있는 내 모습이 상상되며 배가 고파졌다. 여기는 식전 빵이 제일 맛있다고 해서 허기를 달래고자 빵을 하나 더 리필했다. 그런데 결국 다 못 먹고 아까워서 포장을 요청했는데, 이미 나온 빵은 딱딱해지니 새로 구운 따뜻한 걸로 포장해준다고 한다.

그 말이 어쩌나 따숩던지. 대접받고 있는 기분이 들었다.

좋은 식당은 맛이 아니라 내 마음을 알아보는 서비스에 있다. 도대체 무슨 비결일까 궁금했는데 계산하고 나오면서 엘리베이터 앞에 쓰여 있는 글에서 답을 찾았다.

"세상에서 가장 어려운 일이 뭔지 아니?"
"글쎄요. 돈 버는 일, 밥 먹는 일?"
"세상에서 가장 어려운 일은 사람이 사람의 마음을 얻는 일이란다."

- 《어린 왕자》 중에서

# 리뷰에 답글 8천 개 남긴 비결
## (평점 5.0)

**#손님과 소통 #주고받는 말**

**#8천 개의 리뷰 -오매불떡**

우리 가게는 배달의민족 리뷰 평점이 5.0점 만점이다. 내가 9년째 가게를 하면서 절대 놓치지 않는 것 중 하나가 바로 리뷰다. 더욱이 장사하면서 제일 자랑하고 싶은 것도 9년 동안 5.0점 만점을 놓친 적이 없다는 점이다. 가끔 1점 별점 테러를 맞아서 4.9를 맞은 적이 있지만 5.0점을 유지하는 비결이 있다. 배달의민족에서 5.0을 받는다는 것은 수능 만점자를 찾는 것처럼 찾기 힘든 일이라고 한다.

나의 비결은 손님과 댓글로 소통한다는 것. 떡볶이를 먹는 것은 단순히 배가 고파서가 아니라 떡볶이가 생각난 이유들이 있다. 나는 그 이유를 찾기 시작했다.

　면접을 봤는데 제대로 못한 것 같아서 속상하다며 떡볶이를 시켰다는 리뷰가 달렸다.

　"분명히 좋은 결과가 있을 겁니다. 우리 손님의 정성 담긴 댓글만 봐도 좋은 분인 걸 저는 느끼는데요. 면접 보는 분들도 느낄 거예요. 좋은 소식이 올 거랍니다. 좋은 소식이 오면 또 전해주세요."

　나는 손님에게 힘이 되는 말을 해주고 싶어서 답글을 남겼다.

　정말로 일주일 뒤 "사장님 저 면접 본 회사에 합격했어요."라고 떡볶이를 또 시켜주고 리뷰를 남겨주었다. "축하해요! 거봐요. 잘된다고 했잖아요." 우리는 댓글로 서로 손잡고 팔짝팔짝 뛰며 함께 축하했다. 친구들과 취직 파티하면서 떡볶이를 시킨다는 메시지가 있었다. 친구 부른 날은 더 챙겨줘야 한다. 단골인증이 티 나도록 손님 이름도 크게 써주고 서비스도 팍팍 준다. 친구들이 "너 여기 단골이구나!"라고 알아차리게 해서 어깨 힘이 들어가게 밀어준다.

이렇게 소통하는 데 시간이 많이 걸리지 않느냐고, 장사에 방해되지 않느냐고 묻는 분도 있다. 그런데 사실 시간은 오래 걸리지 않는다. 하루에 달리는 리뷰는 솔직히 대여섯 개 정도고, 매일 서너 개라도 꾸준히 답글을 하다 보면 실력이 쌓인다. 1분이라도 관심 두고 보면 충분히 할 수 있다. 하루에 네다섯 개 리뷰에 답글을 달기 시작했는데 한 달에 100개, 일 년에 1,000개 정도가 되었다. 장사한 지 8년이 넘었으니 8천 개의 리뷰 답글을 달아왔다. 쿨피스나 튀김 서비스가 공짜인 리뷰 이벤트로 서비스가 10개 나갔지만 리뷰가 5개도 안 달리기도 한다. 그러니 답글 다는 것에 시간이 오래 걸릴까 봐 걱정하지 않아도 된다. 리뷰를 달아준 손님에게는 정말로 고마운 마음으로 퇴근길에 꼭 답글을 달고 하루를 마무리한다.

떡볶이 사장님의 답글이 언제 달릴까 기다리는 손님도 있다. 안부를 묻고 문자를 하면서 손님과 친한 사이가 되었다. 그래서 배달뿐만 아니라 가게에 직접 와서 얼굴을 보고 인사를 나누는 분들도 생겼다.

누구나 쉽게 답글을 달 수 있다. 그 방법을 공개한다!

1. 인사말 : 손님 이름 먼저 불러주기

OOO님, 어서 오세요, OOO님 안녕하세요.

2. 감사 인사 : 가게 이름 또는 메뉴 이름 넣어서 감사 인사하기

오매불떡을 방문해주셔서, 치즈고매떡을 맛있게 드셔주셔서 감사합니다~.

가게 이름과 메뉴는 리뷰 남긴 손님뿐만 아니라 리뷰를 보고 주문할 잠재고객에게 어필하기 위함이다.

3. 손님이 한 말을 따라하기

자주 시켜 먹어요 - 자주 시켜주시니 정말 감사합니다.

항상 맛있어요 - 항상 떡볶이는 오매불떡을 생각해주셔서 감사합니다.

4. 사과할 경우 : 개선하겠다는 의지를 꼭 표현하기

불편하게 해 죄송합니다. 다음에는 이런 일이 없도록 최선을 다하겠습니다.

5. 끝맺음말 : 가게에 대한 긍정적인 기억이 남도록 문구 넣기

언제나 한결같은 맛으로 손님을 기다리겠습니다.

한분한분 맘에 들도록 최선을 다하는 오매불떡이 되겠

습니다.

손님께 행복과 추억이 담긴 떡볶이를 드리고 싶은 오매불
떡입니다.

꿀팁. 맛있게 드셔주셔서 정말 감사합니다~^^
와우 의성어와 이모티콘, 웃음 표시 꼭 함께 써주기!

텍스트만 있으면 무미건조하게 느껴진다. 나의 표정을 대
신하는 이모티콘을 활용하자.

위의 예시처럼 자주 쓰는 문장들을 몇 개 저장해놓고 단어
만 살짝씩 바꾸면 10가지 정도로 활용할 수 있다. 그리고 배
달 순위 1위 업체에 들어가서 리뷰 답글 쓴 것을 많이 보고
모방해보자. 이런 건 모방해도 괜찮다. 편리하고 효과도 좋다!
이것이 바로 답글로 쓰게 될 예쁜 문장 수집이다. 영어를
배울 때도 단어보다 문장을 외우는 것이 효과적이라고 한다.
답글을 쓸 때도 좋은 단어보다 좋은 문장을 통째로 갖고 와
서 카피하다 보면 나만의 문장을 창작할 수 있다.

그리고 사장님 답글은 손님에게 알림이 가므로 한 번 더 생각나게 하는 방법이다. 참고로 리뷰 답글은 밤 9시 이후에는 가지 않으므로 퇴근 후 답글을 쓰면 아침 9시에 알림이 간다. 점심 장사를 늘리고 싶으면 답글을 오전에 쓰고, 저녁 장사를 늘리고 싶다면 오후 3~4시 브레이크타임에 답글하는 걸 추천한다. 한 번 더 생각나는 가게는 재방문 손님을 늘릴 수 있다.

리뷰 답글을 쓰는 것처럼 배달 나가기 전에 손님에게 문자를 보내는 방법도 있다. 배달을 시키고 기다리는 동안 보내진 문자 한 통은 맛있는 음식을 상상하게 하고 반가움을 더해준다.

또한 주문 시 요청사항이 있으면 영수증에 '네, 해드릴게요.'라고 글씨로 쓰거나 손님에게 문자로 '맛있게 해드리겠습니다.'라고 미리 인사를 하기도 한다. 예를 들어 덜 맵게 해달라고 하면 '네, 덜 맵게 맛있게 해드릴게요. 곧 출발합니다.'라고 문자를 보낸다.

하루에 한 사람이라도 내 고객으로 만들고 싶다면 우리 가게 전단을 뿌린다는 마음으로 문자와 답글을 남기는 습관을 만들어보자.

# 매일 안부 인사를 전하세요

**안심하고 음식을 먹을 수 있도록**

**가게의 일상을 사진 찍어 올린다.**

배달의민족 앱에서는 손님과 소통하는 방법으로 댓글도 있지만, 사장님 한마디를 이용하는 방법도 있다. 사장님 공지는 배달 공지사항 및 메뉴 소개를 올리고, 사장님 한마디는 가게 준비하는 과정이나 사장 얼굴 사진을 찍어서 올리는 등 매일 가게 사진과 함께 손님들에게 인사하며 신뢰를 쌓아간다.

설날에는 새해인사를 하고, 특별한 기념일은 서비스 공지를 올리기도 한다. 최근에는 수능날이 있어서 수험생 응원 글과 함께 달고나를 준비한 적이 있다. 이를 본 한 손님은 수능 본 지가 20년이 지났는데 사장님의 글과 달고나를 보니 같이 응원하는 마음이 든다고 리뷰를 남겼다. 일상을 SNS로 매일 보는 것처럼 매일 올라오는 사장님 리뷰를 기다리는 분들도 있다.

가게 오픈 시간에 맞춰 인사하는 것이 좋지만 어렵다면 전날 밤에 미리 써놓고 시간에 맞춰 '앱 올리기'를 하면 좋다. 온라인상의 가게이지만 댓글 올리는 거나 리뷰 다는 것만 봐도 믿음 가는 가게인지 알 수 있다. 우리 가게가 매일 답글 올리는 걸 보고 나의 성실함에 감탄하는 분도 있다. 어떤 사장님은 매일 기름을 갈고, 청소하는 사진을 올리는 분도 있는데 배달 음식의 청결이 의심되는 분들에게는 이런 사진들이 가게를 신뢰하게끔 만든다.

나는 얼굴이 나오는 사진도 종종 올린다. 유튜브나 방송 출연 사진도 올리고 친정엄마와 시어머니 모두 앉아서 만두 빚는 사진도 올렸다. 가족들이 같이 스카치 사탕과 머리끈을 포장하는 사진도 올렸다. 온라인 사진이지만 따뜻함이 느껴지도록 앞치마 두르고 있는 모습, 행주 널어놓은 모습, 가게 앞에 화분도 찍어 올린다. 가게 안의 모습을 보여주는 것은 배달플랫폼의 인테리어를 해주는 것과 같다. 손님들이 음식을 안심하고 먹을 수 있도록 이미지를 보여주는 것도 중요하다. 공간을 시각적으로 바꿔주는 것이다.

시각적인 이미지는 관계를 만들어주는 데 중요한 요소다. 같은 공간에서 밥을 먹는 사람들이 친해지는 것은 같은 경험을 하기 때문이다. 손님들에게 음식만 제공하는 것이 아니라 만드는 과정, 가게의 모습을 보여주는 것이 그래서 중요하다. 맛은 금방 잊혀지지만 스토리는 오래 기억에 남는다. 손님에게 오래 기억되고 싶다면 사장의 모습도 먼저 보여주고, 매일 사장님 한마디도 올리며 손님과의 추억을 쌓아가자.

# 내 가게 홍보는 내가 합니다

**내가 먼저 알리기 시작해야**

**남들도 나를 알아준다.**

몇 달 전 '세바시'에 출연한 적이 있다. 떡볶이 아줌마가 무슨 일로 세상을 바꾸는 프로그램에 나갔냐고 물어보는 분들이 있다. 내가 뭔가 큰 거를 이룬 것이 아니라 나는 나의 업에 관해 이야기했다.

## 나를 알리는 2가지 방법

세상에 나를 알리는 방법으로는 두 가지가 있다. 나를 찾아오게 하거나 내가 찾아가는 것!

내가 유명한 사람이 아니라면 내가 직접 찾아가야 한다. 유명한 프로그램에서 나를 찾아오기를 기다리지 않고 세바시 대학의 스피치과정을 직접 들어가서 배웠다. 먼저 무대에 올라간 분을 응원하러 갔다가 그런 프로그램이 있다는 것을 알게 됐다.

'그래? 그럼 나도 해볼게!' 목표를 정하고 4개월 동안 동영상 강의를 듣고 10편 넘게 에세이를 제출하고 발표 영상과제를 올렸다. 그리고 우수생으로 뽑혀서 무대에 올라가게 되었다.

"저는 대전에서 떡볶이집을 합니다. 저는 샤넬 향수를 부러워하지 않아요. 없어서 못 쓰는 게 아니라 있어도 안 쓰죠. 나의 떡볶이 향을 지키는 게 더 중요하거든요!"

떡볶이 아줌마의 당찬 스피치에 사람들은 박수로 환호해주었고 세바시 구범준 총장님은 "떡볶이 아줌마 맞나요? 내가 만난 떡볶이 하시는 분 중에 제일 멋있네요. 이분 떡볶이만 하실 분은 아닌 것 같은데요. 앞으로 강연하고 다니시겠어요."라고 용기를 북돋아주었다.

나는 당당하게 "그럼 다음에는 강연가로 뵐게요."라고 말하고 내려왔다.

사실 '떡볶이만 하실 분은 아닌데요'라는 말을 처음 들은 건 아니었다. 내 인생을 바꿔준 책 세 권 중에《웰씽킹》책을 읽고, 배운 것을 실천하고 나누는 켈리스 활동을 한 적이 있다. 웰씽킹 북콘서트에서 서포터즈 리더로 활동한 적이 있는데, 그때 빨간 모자를 쓰고 열정적으로 돌아다녔다. 마침 서포터즈 리더를 해준 10명과 켈리 최 회장님이 줌 미팅을 했다.

'그래 이것도 기회다!'라는 마음으로 가게에서 줌을 켰다.

"저는 떡볶이 장사를 하고 있고 작년에 아주 힘들었습니다. 그 누구도 만 원 한 장 주는 사람이 없었는데 저에게 책을 선물해준 사람 덕분에 다시 일어났습니다."

안 울려고 했는데 결국 울음이 터졌다. 내가 받은 친절 덕분에 나도 사람들에게 친절을 나누는 사람이 되고자 한다고 선언했다. 어린 시절에는 불우이웃 성금을 받던 가정이었지만 지금은 결식아동 후원과 보육원에 떡볶이를 후원하며 나눔 여신으로 살고 있다고 인사를 했다.

"뭐야, 떡볶이 아줌마가 무슨 말을 이렇게 잘해요. 동기부여 강연가 해도 되겠어요."라고 켈리 최 회장님은 나에게 꿈을 하나 심어 주었다.

## 내 가게는 내가 알린다

떡볶이 아줌마 말 잘하네! 이렇게 보시는 분이 있을 것이다. 그런데 나는 불과 1년 전만 해도 카메라 울렁증으로 카메라 앞에만 서면 울먹이는 목소리가 되어 발표하기를 꺼렸고, 사람들이 사진 찍자고 하면 무서워서 눈을 깜빡깜빡거리기도 했다. 코로나와 빚쟁이가 되면서 겁도 많아지고 사람들 만나는 것도 두려웠다.

그런데 먹고 살려고 내 가게를 알리기 위해 사람들 앞에 나오기 시작했다. 인스타와 블로그에 내 가게를 알리고 댓글로 사람들과 소통하기 시작했다. 사회적 거리 두기로 학교도 온라인 수업으로 바뀌면서 학생들도 안 오니 가게 문을 열어도 오는 손님이 많지 않았다. 나는 말하고 싶어도 말할 사람이 없었다. 그때 나에게 유일한 소통창구는 8인치 스마트폰이었다. 우리 가게 여기 있다고 어떻게든 알리고 싶었다. 처음에는 방법을 몰라서 사진만 찍어 인스타에 두세 줄 올리고, 셀카도 찍어서 올리면서 광고가 될까 하고 시작했다.

## 말하지 않아도 알아주는 건 초코파이밖에 없다

신기하게도 나의 글에 꾸준히 댓글을 달아주고 '좋아요'를 눌러주는 분들이 생겼다. 인스타 친구들은 현실 친구보다 더 자주 나에게 안부를 물었다. 그리고 칭찬을 많이 해주었다. '대단하시네요. 예뻐요. 힘내세요'라는 말이 핸드폰 속 글자였지만 따뜻하게 느껴졌다. 이름 모르는 사람들도 이렇게 친절한 사람들이 많구나! 새삼 놀랐다.

매일 인스타에 글을 올리고 이름 모를 사람들과 인사를 나눴다. 우리 가게를 꼭 한번 방문하겠다는 말에는 '쿨피스 하나 서비스로 챙겨드릴게요'라고 농담도 보냈다. 그런데 진짜로 오서서 "인친입니다."라고 인사하는 분도 있고, 전화해서

"인친인데요. 여기 배달돼요?" 하는 분도 있었다. 심지어 퇴근길에 주문하며 "사장님 인스타 잘 봤어요." 하고 말하기도 했다.

'우와 온라인에서 만난 분들이 진짜로 와주다니.' 신기한 일이 벌어졌다. 가게를 처음 오픈했을 때도 내가 만든 음식을 돈 주고 사 먹으러 오는 고마운 분들 덕분에 놀란 적이 있었는데, 온라인에서 만난 손님이 나의 가게를 찾아주다니, 가게 오픈한 첫날처럼 기억이 생생하다.

## 우리 가게가 유명한 집이 되기 시작했다

서로 인스타에 인증사진도 올려주고 가게 이름을 올려주는 분들 덕분에 우리 가게가 유명한 집이 되기 시작했다. 내가 나를 드러내지 않았다면 멀리 있는 손님들에게는 알 수 없는 가게였을 거다. 내가 가게를 알리기 시작하니 정말로 손님들이 찾아오기 시작했다.

내가 유명하지 않으면 내가 먼저 나를 알리면 된다. 맛이 좋으면 알아서 소문나겠지, 티브이에서 찾아와 출연하면 대박 나겠지, 그런 것은 없다. 가능하다 해도 시간이 아주 많이 걸린다. 시간을 단축하고 싶다면 내가 먼저 알려야 한다. 말하지 않아도 알아주는 건 초코파이밖에 없다.

# 휴먼커넥터,
# 사람을 연결하는 사람

**말에 힘이 있고 신뢰감을 주는 역할을 하실 것 같아요.**

**휴먼커넥터라는 이름이 맞겠네요.**

_김태한, 출판 기획자

장사는 절대 나 혼자 잘났다고 할 수 있는 게 아니다. 장사를 하다 보면 외롭고 포기하고 싶은 순간이 오기도 한다. 거기서 넘어지지 말고 넘어설 수 있는 사람이 되어야 하는데 이럴 때 같이 장사하는 사장님들이 힘이 된다.

장사란 단지 물건을 파는 것이 아니라 경험과 의미를 전달해주는 메신저이다. 오늘 만난 손님에게는 특별한 한끼의 의미를 주고 우리 동네 사장님들에게는 경험을 나눌 수 있는 사람이 되어야 한다.

나는 아침에 출근하면 옆집 카페 언니에게 캐러멜 마키아토를 주문하고, 순대국밥 집 사장님에게는 순대 한 접시를 주문한다. 같은 동네 사장님들끼리 서로 팔아주고 되도록 현금으로 낸다. 카페 사장님도 순댓집 사장님도 우리 가게를 온다. 내가 먼저 가지 않으면 우리 가게도 알지 못했을 것이다.

동네 장사는 개업했을 때 떡만 돌리고 끝나는 것이 아니라 일부러 가서 팔아주고 인사를 해야 한다. 내가 처음 가게를 개점했을 때 동네 중국집 사장님이 화장지 한 봉지를 사 들고 와서 축하한다고 인사해준 적이 있다. 그때 얼마나 고마운지 한 달 내내 그 집 짜장면을 시켜 먹었다. 그리고 나도 동네 오픈하는 가게가 생기면 화장지를 들고 가서 축하해준다. 그래서 우리 동네 사장님들끼리는 서로 '언니'라고 부르며 친해졌다.

나만 우리 동네에서 장사가 잘되는 것이 아니라 같이 장사가 잘되는 동네를 만들어야겠다고 결심했다. 그래서 인스타와 블로그에 내 가게만 올리는 것이 아니라 동네 사장님들 가게도 다니면서 사진 찍고 이야기를 담아 올린다. 우리 동네 장사하는 사장님들 중에서는 내가 젊은 편이라서 블로그나 인스타를 잘 다루기도 한다.

손님에게 기억나는 식당뿐만 아니라 우리 동네 사장님들에게도 기억나는 가게가 되어야 한다. 그래야 힘들 때 서로 도와줄 수 있는 사이가 된다. 치즈가 떨어지면 피자집 가서 빌리기도 하고, 얼음이 없으면 커피숍 가서 빌리기도 한다. 그리고 서로의 가게를 홍보해주고 전단을 넣어준 적도 있다. 얼음을 빌려 간 족발집 사장님은 우리 가게의 떡볶이 자석 전단을 갖고 가서 같이 넣어주었다. 같은 식당이라도 족발과 떡볶이는 메뉴가 다르니 같이 광고하자고 먼저 제안해주셨다. 서로 형 동생 하면서 지내는 사장님들이 많아지면 도움을 받을 때도 많다. 술 먹고 어울리는 것이 세상 탓하는 욕이 아니라 같이 잘 먹고 잘사는 힘이 되어주는 끈이 되었으면 한다.

살면서 놓치면 안 되는 사람, 인생에 귀인이라 느껴지는 사람이 있다.

첫째, 나에게 필요한 것을 직접 주는 사람

둘째, 나에게 필요한 사람을 연결해주는 사람

셋째, 나에게 확실한 해결책을 줄 수 있는 사람

넷째, 나에게 올바른 방향으로 살 수 있도록 조언해주는
　　　사람

다섯째, 나를 아껴주고 사랑해줄 수 있는 마음을 주는 사람
　　　　　　　　　　　　　　　　　－〈월부닷컴〉 중에서


이 중에 나는 필요한 사람을 연결해주는 사람이다. 내가 돈을 직접 줄 수 없다면 돈을 벌 수 있는 방법을 연결해줄 수는 있다. 확실한 해결책을 조언해주는 사람, 내가 넘어졌을 때 나를 일으켜줄 수 있는 사람을 연결해줄 수 있다.

휴먼커넥터는 사람과 사람을 이어주고 전달하는 메신저 역할을 한다. 사람들 속에서 자연스럽게 연결해주는 '연결고리'이기도 하다.


"도 여사를 만나면 모르는 사람들도 다 알게 될 것 같아요."라고 나에게 휴먼커넥터라는 이름을 만들어준 분이 있다. 떡볶이 장사를 하면서 다양한 사람들을 만났는데 7세 어린 아이부터 70세까지, 7천 원 있는 사람부터 70억 부자까지 만

났다.

사람마다 생각하는 매운맛이 다른 것처럼 다양한 사람들 속에 삶의 매운맛도 달랐다. 그런데 사람들은 자기와 닮은 사람을 찾고 싶어하고, 닮고 싶은 사람을 찾아다니게 마련이다.

나는 닮은 사람과 소통하고 닮고 싶은 사람을 연결해주는 일을 한다. 그리고 만 원이라도 나눌 수 있는 나눔을 베푼다. 말로만 하면 잔소리처럼 들릴까 봐 책을 선물해주기도 한다. 책과 사람에게 진심을 전하는 사람, 나는 휴먼커넥터로 다시 살고 있다.

책이 곧 사람이고 모든 기회는 사람으로부터 온다는 것을 알고 있기에 사람과 책에 진심인 편이다. 그리고 책과 사람 이 누군가를 살릴 수 있는 힘이 되길 바란다.

나의 하루 목표는 하루에 한 사람 도와주기, 하루에 한 사람 친구되어 주기, 하루에 한 사람 살리기다. 그래서 한 줄의 댓글도 그냥 지나칠 수 없고, 나를 찾아오는 사람은 그냥 보낼 수가 없다. 어찌 보면 오지랖이라고 할 수 있겠지만 오늘 내가 만난 사람은 나를 만나 꼭 잘살길 바라는 마음이다.

# 자영업자에서
# 카피라이터가 되기까지

## 인디펜던트가 되어라

자영업자는 영어로 'self-employed', 스스로 고용하는 사람이다. 그런데 나를 내 가게에 고용한 것이 아니라 독립적인 기업으로 'independent'라는 단어가 더 잘 맞다. self-employed에서 independent로 생각을 바꾸는 시도를 먼저 했다. 내가 대학 졸업장이 없음에도 불구하고 대기업을 두 번이나 다닐 수 있었던 것도 바로 독립적이고 독자적으로 나를 알리기 시작했기 때문이다. 회사 안에서도 내가 먼저 스스로 배우고, 또 배운 것을 타인에게 나누며 도움이 되어주면서 나를 알렸다.

첫 번째 다녔던 통신사에서는 고객 DB와 스크립트 짜는 일을 했었는데 정보를 찾기 위해 전산 프로그램을 다 눌러보고 배우려고 했다. 그리고 하나씩 배우면서 다른 직원에게도 가르쳐주고 활용하는 능력을 키웠다. 두 번째 다닌 은행에서도 전산 프로그램을 다 누르면서 내 것으로 만들었다. 나는 예금 한 분야뿐만 아니라 대출, 자동화기기, 이메일 담당 부서 등 멀티로 일을 했다.

장사도 내가 모든 분야를 다루고 배운다는 마음으로 해봐야 한다. 경험이 나를 알리는 이야기가 되기 때문이다. 장사할 때도 메뉴 사진도 올리고 리뷰도 관리하고, 사장님 한마디에 공지도 해봐야 한다. 나를 드러내는 것을 부끄러워하는 분들도 많은데 나를 알리기 시작해야 남들도 나를 알아준다. 우리 가게의 이야기는 내가 소문을 내야 손님도 알아준다. 가게를 만들게 된 스토리를 내가 먼저 알려야 손님들도 소문을 내주는 것이다.

배달플랫폼을 사용하는 사장님은 메뉴 사진뿐만 아니라 메뉴 설명도 할 줄 아는 카피라이터가 되어야 한다.

## 메뉴 올리는 깨알 팁

### 1. 세트 메뉴는 인기 메뉴로 구성한다.

처음 가는 식당에서 뭘 먹어야 할지 선택하기 어려울 때는 세트를 가장 많이 시킨다. 인기 메뉴와 잘나가는 메뉴를 조합해서 좀 더 할인된 가격으로 먹을 수 있도록 만든다. 단품보다 세트로 시키면 가격도 저렴하고 만족할 확률이 높아진다. 더욱이 1인세트 2인세트, 커플세트 또는 가족세트로 만들면 처음 오는 손님에게 권하기도 쉽다.

### 2. 주메뉴에서 보조메뉴로 음료까지

주메뉴가 앞으로 오는 건 가장 비중이 높다는 것이다. 메인 음식을 두고 사이드 메뉴를 두세 개 넣어서 알찬 구성을 만든다. 우리 가게에는 2인 알찬 세트가 있는데. 떡볶이 2인분과 김밥, 순대, 튀김 그리고 쿨피스까지 들어 있다. 둘이 오면 가장 많이 시키는 메뉴로 김밥도 먹고 싶고 순대도 먹고 싶고, 튀김도 먹고 싶을 때 선택하기 좋도록 세트 메뉴로 만들어 놓았다.

떡볶이를 먹을 때 물이랑 먹는 건 반칙이다. 추억의 쿨피스가 있어야 완성이다. 치킨 앤 맥주, 피자 앤 콜라처럼 떡볶이에는 쿨피스가 따라다녀야 제격이다. 음료는 서비스로 주는 경우도 많지만 생색내기도 좋다. 따로 인건비나 가스비가 드는 것도 아니고 냉장고에 넣어두었다가 시원하게 꺼내주기만 하면 된다. 같은 가격이라면 음료나 주류를 서비스로 주는 이유가 여기에 숨어 있다.

### 3. 메뉴 이름은 재료 이름이 들어간 것이 좋다.

우리 가게에서 파는 메뉴 중 참치마요 김밥은 참치와 마요네즈가 들어가 있다는 것을 알려주도록 만들었다. 가게 특색을 알려주고 싶은 메뉴는 별도로 한두 개 만들고 배달인 경우는 메뉴에 재료가 상상되는 것이 좋다. 한 번 더 생각해야 하는 어려운 이름이 아니라 맛과 색깔이 떠오르는 메뉴명이 좋다.

사람들이 아는 맛에 비유하면 이해하기가 쉽다. '매운맛 떡볶이'라고 하면 어느 정도 맵냐고 물어본다. 나는 "신라면 정도? 열라면 정도? 불닭면 정도로 해드릴까요?"라고 물어본다. "아! 신라면 정도 좋아요." 다들 아는 맛, 보통의 이름이 실패하지 않는다.

### 4. 색깔을 넣어서 표현하세요.

우리 가게에서 파는 메뉴에는 '빨간'이라는 이름이 많이 들어가 있다. 빨간참치김밥이라는 메뉴는 김치볶음밥처럼 빨갛게 밥이 비벼져 있다. 김치와 떡볶이 소스 양념이 들어가 있어서 사람들이 '김밥도 매워요?'라고 많이 묻는다. 솔직히 맵지는 않은데 빨간참치김밥이라는 이름만 들어도 매울 것 같은 상상을 준다. 실제 먹으면 '생각보다 안 맵네'라고 안심한다. 음식은 상상이 되기 때문에 상상한 것보다 더 친절하고, 더 맛있어야 하는 이유가 여기에 있다.

### 5. 음식량을 표기할 때는 어른 기준

나는 떡볶이 한 그릇을 혼자 먹는데 날씬한 두 분이 오셔서 나눠 먹고 있었다. 그래서 표기할 때 '어른 1~2명이 먹으면 적당해요.'라는 말을 써주었다. 처음 오시는 손님이 메뉴판을 정독하고 있으면 내가 먼저 물어본다.

"처음 드시죠? 혹시 몇 명 드시나요?"라고 묻고 명수에 맞춰서 세트 이걸로 드셔보시라고 권한다. 인원수에 따라서 메

뉴를 추천하는 것이 가장 빠르고 세트는 제일 잘나가는 메뉴
라서 같이 드시는 분들의 만족도가 높다.

참고) 메뉴 이름이나 광고할 때 헤드카피는 15초 TV 광고
처럼 딱 기억에 남는 문장을 만들어야 한다. '고기압일 때는
고기 앞으로, 다이어트는 내일부터, 인생에 다 때가 있다'처
럼 배달의민족의 카피 문구는 볼 때마다 사고 싶어진다.

사고 싶게 만드는 문장, 처음에는 만들기 어렵지만 시도
해보고 반응도를 보고 수정하면서 연습해본다. 처음부터 만
들기 어렵다면 다른 가게의 소개문구를 따라해본다. 그리고
책에서 인용문구를 활용해본다. 나는 카피라이터 정철이 쓴
《한 글자》책을 보며 따라 써보고 온라인 쇼핑몰 광고문구도
필사한다. 파는 메뉴를 네이버에 검색해보면 이미 많은 전문
가가 써놓은 문구가 많다. 그중에서 나의 가게 이름을 넣고 삼
행시 짓는 것처럼 만들어본다. 수정하면서 계속 연습하다 보
면 시간과 경력이 쌓이며 나도 어느새 카피라이터가 되어 있
는 건 아닐까.

오매불망 기다려지는 오매불떡, 도움이 필요한 곳에 여전히 나타나는 사람 도 여사.

사람과 사람을 이어주는 휴먼커넥터!

이렇게 나만의 브랜드를 만들어가는 것, 이것이 바로 퍼스널브랜딩이다. 자영업자는 자기를 고용한 직원이 아니라 독자적으로 브랜드와 마케팅을 할 수 있는 카피라이터가 되어야 한다.

# 두 명 이상 모이면
# 마케팅은 시작됩니다

**나와 꿈이 같고 목표가 같은 사람들을 찾으면**

**마케팅도 보인다.**

나는 오프라인 가게뿐만 아니라 온라인 빌딩도 갖고 있다. 나와 마음을 같이 하는 사람 세 명이 모여서 온라인 커뮤니티를 운영하고 있다. 일명 '부끌대학'으로, 부와 운을 끌어당기는 사람들, 성장과 나눔을 함께하는 자기계발 플랫폼이다. 오픈채팅방과 인스타를 통해서 만났고 우리가 이룬 것처럼 사람들에게 퍼스널브랜딩과 패시브 인컴을 만드는 방법을 알려주고 있다.

온라인 빌딩을 만들 수 있었던 것도 세 명이 모였기에 가능한 일이었다. 양지연 저자의《하루 3분 나만의 행복 루틴》

책으로 우리는 만났다. 매일 행복해지는 3분 미션을 정하고 이를 행동으로 옮겨 인증사진을 단톡방에 올렸다. 매일 하는 미션은 어려운 것이 아니라 나를 위해 좋은 차 마시기, 웃는 사진찍기, 주황색 물건 사진찍기 등 쉽고 재밌는 것들이다.

어느 날 주황색 물건 사진찍기 미션을 하는데 주황색 물건을 찾아야 한다고 생각하니 온통 주황색만 보이기 시작했다. 벤치 색깔도 주황색이고 액자에 걸린 사과 사진도 주황색이었다. 기차에서 펼친 책자도 주황색이고, 내가 주황색을 찾겠다고 보기 시작하니 참 많았다.

마케팅도 한 가지에 집중시키는 효과가 있다. 마케팅에 관한 재미있는 일화가 하나 있다. 건널목을 지나가는 한 명의 사람이 하늘을 가리키며 저게 뭐지?라고 외쳤다. 그랬더니 지나가는 사람 아무도 관심을 갖지 않고 무심히 지나쳐 갔다. 두 사람이 손으로 하늘을 가르키며 저게 뭐지?라고 했더니, 그때는 사람들이 한 번씩 쳐다보며 관심을 보이기 시작했다. 이번에는 세 명이 동시에 그곳을 가리키며 저거 뭐야 하고 소리를 질렀다. 그때 건널목을 지나가는 사람들이 한꺼

번에 관심을 보이며 어디요? 어디요? 하고 달려들었다. 이것이 바로 마케팅의 기본 요소 3명이다.

3명은 다음 3명을 데리고 와서 9명이 된다. 기본 3명을 모으면 모든 마케팅은 시작된다.


이렇게 온라인 커뮤니티를 만들게 된 것은《제발 이런 원고는 투고하지 말아 주세요》책 덕분이다. 이 책을 읽고 작가가 궁금해져서 김태한 작가를 직접 만나서 사인을 받고 싶었다. 연락처를 모르기 때문에 인스타로 인사를 하고 서울에 왔는데 커피 한 잔 달라고 무조건 디엠을 보냈다. 한두 시간 흘렀을 때 마침 사무실에 있는데 오셔도 된다는 답변을 받고 달려갔다.


올 것이 왔구나 하는 표정으로 내 빨간 모자를 보더니 커피 한잔을 내려주며 나에게 꿈이 뭔지를 물었다. 핸드폰 배경에 교보문고 사진을 보여주면서 베스트셀러 작가가 되고 싶다고 이야기했다. 알고 보니 책 출판 관련된 일을 하는 분이었다. 나도 할 수 있다며 꿈을 응원한다며 들고 온 책에 〈내 책을 서점에서 만나는 기적〉이라고 사인해주었다.

작가의 사인을 처음 받은 책을 자랑하고 싶어서 인스타에 올렸는데 난리가 났다. 옆에 잘생긴 작가님 누구냐고, 그리고 그 책이 뭐냐고 관심들을 가졌다. 그리고 나의 인친 세 명이 같이 마케팅을 해보자며 서로 인스타에 올리기 시작했더니 순식간으로 일주일 만에 100명이 모였다.

책과 사진 한 장만으로도 사람들의 궁금증을 일으키며 마케팅을 시작할 수 있다. 그리고 단시간에 사람들을 끌어모을 수 있었던 건 같이 도와주겠다는 만 명의 팔로워 인친들이 있었기 때문이다. 그들 덕분에 부끌대학이 만들어졌다.

모든 광고는 3명이 움직이면 주목받을 수 있다. 그리고 6개월 만에 600명 정도가 구독하는 (지금은 700명) 자기계발 플랫폼이 되었다. 오픈채팅방, 네이버 카페 또한 마케팅할 수 있는 플랫폼이 될 수 있다. 인스타를 보면서 부러워하는 삶이 아니라 비즈니스로 만들 수 있는 시각으로 봐야 한다.

삼성전자도 국수 가게에서 대기업이 되기까지 3명으로 시작했다고 한다. 비즈니스 할 때는 나와 같은 마음으로 움직여 주는 사람 3명만 있으면 된다. 마침 나의 오프라인 매장도 대전에 세 개 지점이 있다. 대전의 그 넓은 지역도 세 개 지점으로 충분히 이름을 알릴 수 있었다. 나와 꿈이 같고 목표가 같은 사람들을 찾으면 나아갈 방법과 마케팅도 보인다.

# 릴레이<sub>Relay</sub> 하면
# 릴레이션<sub>Relation</sub>이 됩니다

**배달 기사님이 오면**

**"감사합니다. 조심히 가세요"라고 꼭 이야기합니다.**

작년 이맘때쯤 대학교 입학을 앞둔 학생이 배달대행을 하다가 운전면허가 없는 불법 차에 치여 사망한 사고가 있었다. 뉴스는 사람들에게 잊혀졌겠지만 배달하는 우리에게는 한 달이 넘도록 충격적인 사건이었다. 더욱이 아는 피자집 사장네에서 벌어진 사건이어서 깜짝 놀랐다.

피자집 사장은 대행기사에게 배고플 텐데 피자 한 조각 먹고 가라고 붙잡았는데 일이 많이 밀렸다고 그냥 가겠다고 했단다. 사장님은 식사시간이니 밥이라도 챙기라며 피자 한 조각을 건네주었지만, 그 피자를 먹고 나간 학생은 두 번 다시 돌아오지 못했다. 뉴스로 소식을 접한 피자집 사장님은 일주일 동안 가게를 열지 못했다.

내가 좀 더 붙들어놓을걸, 내가 왜라는 죄책감에서 좀처럼 헤어나오지 못했다. 죄책감은 한달이 지나도 일 년이 지나도 쉽게 아물어지지 않는다. 생활고로 생을 달리한 내 남동생도 누나인 나에게 마지막 전화를 했지만 나는 전화를 받지 못했다. 술 먹고 노느라 귀찮아서, 늘상 술 먹고 전화하는 거겠지 하고 넘겼는데 다음 날 경찰서에서 걸려온 운명을 달리했다는 차가운 음성. 나는 남동생의 마지막 전화를 받지 못했다는 죄책감에 8년 넘게 고통받았다.

## 조금 늦게 배달돼도 괜찮아요, 기사님!

나는 배달 기사님들도 나의 가족이라는 생각으로 빨리 가달라고 보채지 않는다. 늦어도 괜찮으니 조심히 가시라고 당부한다. 손님에게도 조금만 기다려달라고 문자를 보냈으니 천천히 가셔도 된다고 기사님들을 안심시킨다. 여름에는 얼음물을 챙겨드리고, 겨울에는 커피와 쌍화차를 챙긴다.

배달 기사님들은 사실 김밥 한 줄, 달걀 하나로 끼니를 때우고 뛰어다니시는 분들이 많다. 그래서 음식 포장이 나오기까지 기다리는 동안 커피 한잔이라도, 달걀이라도 드시라고 꺼내놓는다. 그럼 기사님들은 고맙다며 우리 손님에게 전달해줄 때 하나라도 더 신경을 써주신다. 문 앞에 놓고 가라는 요청에 음식 봉투만 문 앞에 놓고 간 것이 아니라 문 앞에 붙어 있던 전단지를 밑에 깔고 음식을 올려놓았다는 리뷰가 달렸다. 이런 친절한 기사님은 처음 봤다는 리뷰를 보고 감사 인사를 전했다. 담에 오시면 이름을 기억하고, 기사님 고마워요. 김밥 줄까요?라고 먼저 말을 걸기 시작했다.


## "만년동 떡볶이집 알아?"

배달 기사님들 사이에서 "만년동 떡볶이집 알아?" 하고 소문이 났다. 배달 오는 기사님은 우리 음식을 전해주는 직원이고 가족 같은 마음으로 먼저 챙긴다. 혹여나 오토바이가 넘어져서 음식이 엎어졌더라도 다친 데는 없냐고 물어본다.

그런데 어떤 사장님은 왜 하필 우리 거냐고 하면서 말을 뱉는 순간 기사님에게 상처가 된다. 차라리 다치기라도 할걸 그랬나 하는 생각까지 한다. 사람의 마음에 상처를 주면 되돌리기가 쉽지 않다.

음식은 다시 하면 된다. 손님에게는 배달과정 중 사고가 있어서 음식을 따뜻하게 다시 해드릴 예정이니 조금만 더 기다려달라고 양해를 구한다. 쿨피스 서비스도 챙기고 죄송합니다, 편지도 쓴다. 기사가 잘못한걸, 뭐 그렇게까지 사과하고 챙기느냐 하는 분들도 있는데, 내 가게 음식을 더 빨리 가져다주려고 사고가 났다는 것까지는 미처 생각하지 못하는 것 같다.

사람과 사람이 하는 일은 역지사지의 마음으로 서로를 챙겨주는 마음이 있어야 한다. 그 마음은 고스란히 손님에게도 전달될 것이다.

최근에 28층에서 주문한 손님이 있었는데, 엘리베이터 고장으로 전화를 했더니 본인 아들도 방금 올라왔다며 배달간 기사에게 걸어서 올라오라고 했다는 뉴스를 봤다. 서러운 마음에 28층까지 올라가서 문 앞에 배달해줬는데 늦게 왔다고 주문취소를 했다는 얘기에 더 분통이 터졌다. 다시 또 올라가서 음식을 회수하기까지 배달 기사의 마음과 수고를 어떻게 말로 표현할 수 있을까? 많은 분이 배달 기사의 사연을 보고 분개하고 뉴스에도 여러 번 나왔다.

## 친절한 미소를 받아본 사람이 친절함을 베푼다

배달을 하다보면 이런 경우가 종종 있다. 그러면 가게 주인이 전화해야 한다. 음식이 기사한테 전달돼서 배달이 나간 게 끝이 아니라 손님 손에 무사히 도착할 때까지 가게 책임이기 때문이다.

"손님, 엘리베이터가 고장 나서 저희 기사님이 올라가기 어려운데 1층으로 내려오셔서 받아주실 수 있으신가요? 기사님도 밑에서 올라가서 있을 테니 조금만 내려와 주시길 부탁드릴게요."

주인이 전화해 이야기해야 한다. 그럼 열 명 중 아홉 명은

"미안합니다. 엘리베이터가 고장난지 몰랐어요." 하고 내려온다.

간혹 손님 중에 "그건 기사님 사정이지요."라고 말하는 분들도 있다. "그럼 배달은 어렵겠습니다. 취소해드리니 다음에 이용 부탁드립니다." 나도 거절한다. 가게 입장에서는 당장 돈 만 원 더 버는 것에 기사님을 수고롭게 해드릴 수는 없는 일이기 때문이다. 그때는 과감히 내가 포기한다. 그런데 기사님이 끝까지 간다고 해도 괜찮다고 음식은 동료들이랑 드시라고 얘기한다.

그리고 혹시라도 기사가 잘못해서 배달 착오가 있더라도 대행비 몇천 원으로 얼굴을 붉힐 때가 있다. 그때는 서로 잘 잘못을 따지기 전에 "네, 저희가 드릴게요."라고 먼저 내어준다. 시시비비를 따지는 5분이 더 아깝다. 그리고 그것으로 인해 기분이 상해서 다음 일에 영향이 미치지 않도록 배려해준다. 다시 배달해야 하는 것도 기사님일 텐데 인상 쓰고 기분 안 좋게 가면 우리 손님에게도 좋게 해줄 리가 없을 테니 말이다.

내가 먼저 배달 기사님들께 웃어줄 수 있어야 기사님도 우리 손님에게 웃어줄 수 있다. 친절한 미소를 받아본 사람이 친절함을 베풀 수 있다.

5장

# 나는 사람 살리는
# 떡볶이 사장입니다

# 장사는 모두가 절실하고
# 처절하고 진심이다

## 경쟁하지 않는 것이 경쟁력이다.

"우리 같은 소상공인들, 다 목숨 걸고 일하는 사람들이야!"

영화 〈극한직업〉에 나온 대사다. 이 말에 웃으려고 영화 보러 갔다가 내 얘기 같아서 훌쩍거리면서 나왔다. 작은 가게든 큰 가게든 장사하는 분들은 다 목숨 걸고 하기 때문이다. 하루에 12시간 이상 뜨거운 주방에서 서서 일하는 사장님들, 뜨거운 열기로 녹아드는 아스팔트 길을 오토바이 배달하며 지옥을 경험하는 분들, 하루에 800개가 넘는 택배를 배송하는 기사님들을 보면 알 것이다.

힘들고 지쳐도 우리가 버텨내는 이유는 내가 선택한 이상

붙들고 먹고 살아야 하는 일이기 때문이다. 코로나에 가게들이 임대를 붙여놓았을 때 나는 끝까지 버틴다고 다짐했지만 결국 간판을 바꿔야 했다. 바로 배달구역 전쟁 때문이었다.

같은 가맹점에서 큰 도로를 하나 두고 배달구역 전쟁이 벌어졌다. 땅따먹기처럼 이 구역은 서로 나의 배달구역이라고 넘어오지 말라는 거였다. 우리보다 먼저 가게를 차렸으니 여기는 배달 오지 말고 손님이 주문해도 취소를 하라는데, 처음 하는 장사라서 가맹점에서 시키는 대로 했다. 그런데 어떻게 단골손님인데 배달을 못 해준다고 할 수 있겠는가, 우리는 도둑고양이처럼 몰래 배달하러 가기도 했었다.

그런데 갈수록 가맹점의 압박은 더 했고 옆 동네 배달구역을 넘어왔다고 앞으로는 여기까지 배달을 하지 않겠다는 조건으로 연장 계약을 해주겠다는 엄포까지 했다. 이미 한 자리에서 장사한 지 3년이 넘었는데 장사가 안 되니 서로 탓하기 바빴다. 살기 팍팍해질수록 남 탓하는 것이 가장 쉬운 방법이라는데, 남 탓은 결국 분쟁만 남겼다. 결국 우리는 가게 이름을 바꿔야 했다.

새로운 이름으로 바꾸고 나서는 도둑고양이처럼 몰래 배달을 갈 필요가 없어졌다. 바로 코앞인데도 배달을 하러 못 가서 우리는 4킬로미터나 떨어진 곳까지 배달구역을 늘리기도 했지만 그럴 필요가 없었다. 간판을 바꾸고 건널목 하나 건널 수 있는 곳도 당당히 갈 수 있게 되었고 하루에 40만 원을 팔아도 예전에는 먼 곳을 다닌 것과 달리 편하게 팔 수 있었다. 이 방법을 몰랐다면 아마 나는 지금도 눈치를 보면서 장사했을 것이다.

## 미리 경험해본 사람에게 물어라

최근에 어떤 분이 나에게 군산에서 성남 가는 버스를 아느냐고 물어보았다. 네이버에 찾아봤는데 군산에서는 성남으로 가는 직행버스가 없고, 중간에 갈아타야 한다고 나온다. 정안 휴게소라고 나오는데 휴게소에서 어떻게 타라는 것인지 전혀 와닿지 않았다. 그래서 군산에 사는 분에게 성남 가는 방법을 물어봤더니 고속버스 앱을 내려받아서 정안 휴게소 터미널로 예약을 하라고 알려주었다. 답을 찾는 제일 빠른 방법은 미리 해본 사람에게 물어보는 것이다.

장사도 네이버로 배우는 것이 아니라 같은 상황에서 이미 해본 사람에게 물어봐야 한다. 나와 같은 상황에서 같은 업종에서 성공해본 사람들을 찾자. "그게 되겠어?" 하고 실패한 사람들 말고 "응! 그래서 나는 해봤어!" 하고 말하는 성공한 사람들을 찾아야 한다. 그 사람들에게 물어보면 분명히 답을 아는 사람이 있다.

## 같이 걸으면 길이 된다

무조건 이름만 보고 좋다고 큰 가맹점을 덜컥 몇 억 들여 하는 분들, 나는 우선 말린다. 같은 브랜드끼리 싸우는 경우를 자주 봐왔기 때문이다. 경쟁하지 않는 것이 경쟁력이다. 경쟁 브랜드를 탓하지 말고 동종업계에서 같이 일하는 분들을 친구로 동료처럼 같이 가야 한다.

선뜻 밥 한 공기 빌려줄 수 있는 옆집 가게, 치즈 떨어지면 빌려줄 수 있는 사이처럼 서로 도와주고 고충도 나눌 수 있는 관계가 되어야 한다. 경쟁자가 아니라 한 동네에서 같이 부자 되자며 술 한잔 기울이는 파트너가 되어야 한다. 같이 걸으면 길이 된다.

# 불이 나면 같이 뛰어갑니다

**아이들에게 더 나은 세상을 위해서**
**어른들이 해줄 수 있는 것은 보살핌이다.**

"사장님 소화기 좀 빌려주세요!"

"무슨 일이야?"라고 물으니

"동생한테 삼겹살을 구워주려고 했는데 프라이팬에 불이 붙었어요."라고 다급하게 말한다.

소화기를 잽싸게 들고 "어디야?"라고 같이 뛰는데, 우리 가게에서 두 블록 정도 떨어진 빌라 2층이었다.

하얗게 연기가 나고 있었다. 들어가 보니 가스레인지 위 프라이팬에 기름이 팔팔 끓고 있고 그 위에 올려놓은 꽁꽁 언 냉동 삼겹살이 팍팍 튀기면서 사방으로 기름이 번져 나갔다. 기름에 불이 붙자 환풍기까지 그을음이 올라갔다. 다행히 기름에 불이 붙으면 물을 부으면 안 된다는 것을 과학 시간에 배웠는지 소화기를 빌리러 왔던 것이다. 떡볶이를 먹으러 왔다가 우리 가게에 소화기가 있다는 것을 보았던 것 같다. 다행히 불은 크지 않아서 바로 진압을 했다. 혹시라도 모르니 소화기를 갖고 있으라고 주고 왔다.

 잠시 후 소방차가 우르르 왔고 환풍기를 타고 다른 집에 불이 붙지는 않았는지 점검했다. 안심하고 나는 가게로 돌아왔고 잠시 후 아이는 소화기를 들고 왔다.
 "사장님 죄송한데 소화기를 다 썼어요. 엄마한테 새로 사서 드리라고 할께요."라고 말한다.
 "괜찮아. 소화기는 한번 쓰는 거야. 안 다쳤으면 됐어."
 엄마가 와서 놀랄 수 있으니 걸레로 주변을 닦아놓으라고 했다.

 어쩌다 불이 났냐고 물었더니, 동생이 배고프다고 해서 고기를 구워주고 싶었다고 한다. 삼겹살을 구울 때 식용유를 많이 넣어야 되는 건 줄 알았다고 한다(삼겹살은 그 자체에서 기름이 나오기 때문에 식용유가 필요없다). 아이들에게 요리하는 것을 알려줄 수는 없는 일이고, 배고플 테니 동생이랑 같이 와서 떡볶이를 먹으라고 했다.

괜찮다고 사양하는 아이에게, "너 여기 학교 다니잖아. 자주 오는 단골이니까 해주는 거야"라며 걱정하지 말라고 하고 떡볶이와 튀김을 2인분 싸서 주었다.

"엄마 오면 계산하라고 할게요"라며 아이는 부끄러워하며 들고 갔다. 괜찮다고 엄마한테는 이야기 안 해도 된다고 나중에 친구들이랑 떡볶이 먹으러 오라고 보냈다.

## 선한 영향력을 베푸는 어른이 되고 싶다

불이 나서 어떻게 해야 할지 모를 때 떡볶이 아줌마라도 옆에 있어서 아이들은 안심이 되었을 거다. 그때 나는 소화기가 아니라 같이 뛰어가는 어른이 되어주었다.

학생들에게는 다그치는 것이 아니라 같이 있어 주는 것이 먼저다. 우리 가게에는 학생들이 많이 오기 때문에 어른으로서 무조건 잘못했다 잘했다 다그치는 것이 아니라 그랬구나 하고 들어준다. 나도 잠깐이지만 대안학교에서 학생들을 가르친 적이 있다. 미술 수업을 맡았었는데 상처받은 학생들이 많았다.

나는 국·영·수를 가르치는 선생님이 아니라서 아이들의 이야기를 들어주면서 수업을 했는데 그때 한 아이가 말했다.
"선생님은 제 이야기를 잘 들어주는데 왜 우리 엄마, 아빠는 제 이야기를 끝까지 들어주지 않는 걸까요?"
그 말에 무척 놀랐던 적이 있다.

아이들은 말하고 싶은 게 많지만, 어른들은 듣지 않으려고 하고 있었구나. 판단하고 가르치고 혼내기만 했다는 것을 알았다. 삼겹살 굽다 불을 낸 그 학생도 엄마한테 이야기하면 혼날 것 같아서 소화기로 우선 꺼보려고 했다는 걸 나중에야 듣게 됐다. 그 마음이 보여서 나도 다그치거나 놀라지 않고 차분히 들어줬다. 오히려 불이 날뻔한 게 어른들의 잘못인 것 같기도 하고 우리 같은 어른들이 할 수 있는 일이 뭐가 있을까, 생각해보게 됐다.

나도 어릴 적, 엄마 아빠가 일하러 가면 외상을 주던 슈퍼 아주머니 덕분에 끼니를 때울 수 있었다. 나도 우리 동네 아이들을 위해 무엇을 할 수 있을까?

며칠을 고민했다. 그러다 인스타에 우연히 홍대 진짜파스타 사장님의 글을 보게 되었다. 결식 우려 아동을 위해 '눈치 보지 말고 편하게 먹고 가세요'라는 메시지였다. 선한 영향력을 베푸는 그 가게를 보면서 '아 이거다, 나도 해봐야겠다'는 결심이 섰다.

# 선한 영향력 가게 동참하기

**오른손이 한 일을 왼손도 알게 하고**
**언니 손도 알게 한다.**

선한 영향력 가게는 결식 우려되는 아이들에게 무상으로 음식을 제공하는 가게다. 나라에서 주는 결식아동과 차상위 계층, 다자녀 가족들에게 주는 급식카드가 있다. 한끼에 6천 원 정도 지원이 되는데 과연 6천 원으로 아이들이 따뜻한 밥 한끼를 먹을 수 있을까?

김치찌개도 8천 원인데, 편의점에서 컵라면이랑 삼각김밥 만 먹는 건 아닐까 걱정이 된다. 대신 한끼 6천 원을 안 먹으면 하루 만 이천 원까지는 쓸 수 있다고 한다. 그래서 선한 영향력 가게는 카드만 보여주면 돈을 받지 않고 무료로 식사를 주기 시작했다. 시작은 2019년 서울시 홍대에 있는 '진짜 파스타' 매장에서 아이들에게 눈치 보지 말고 편하게 먹으라는 포스터 한 장을 시작으로, 현재는 전국에 3,000개의 사장님이 자발적으로 활동하고 있다.

그래서 나도 떡볶이는 아이들이 좋아할 테니 우리 기계에서는 그냥 먹고 다음 끼니에는 고기 들어간 불고기 백반이라도 먹으라는 마음에서 동참하게 되었다. 그리고 매달 만 원씩 성금을 모으는 캠페인도 하고 있다. 마침 대전에서도 한 적이 있는데 도 여사 이름으로 성금이 자꾸 들어오는데 누군지 궁금하다고 선한 영향력 사무국에서 우리 가게를 온 적이 있다.

사실 나 혼자 성금을 하는 거라면 한 달에 만 원밖에 할 수가 없어서 주변에 책 서평 쓰는 방법을 알려주고 만 원씩 기부하도록 했다. 성공하기 위해서 나눔은 꼭 필수라고 알려주고 싶었다. 그래서 나의 이름으로 성금이 수시로 들어가기 시작한 것이다.

성금이 모인 금액으로 대전 보육원 방문할 때 같이 밥차에 올라가서 밥과 고기를 퍼주고 아이들과 인사를 한 적이 있다.

"여러분, 안녕하세요. 저는 떡볶이 파는 아줌마에요. 만나서 반가워요. 저도 사실 어릴 적에 불우이웃 성금을 받던 가정이었어요. 남동생이 심장 수술을 해야 했는데 집에 돈이 없어서 좋은 어른들이 많이 도와주셨어요. 여러분에게도 좋은 원장님과 선생님도 있지요. 저도 가끔 떡볶이 해주는 어른이 되어줄게요. 그러니 밥 많이 먹고 우리 항상 웃으면서 씩씩하게 뛰어놀아요. 알았죠!"

나는 사실 불우이웃(성금)을 받던 가정이었다. 남동생은 심장판막 기형으로 태어나서 심장 수술을 해야 했는데, 아버지는 광부였고, 엄마는 스무 살 어린 나이로 형편이 넉넉하지 못했다. 귀한 아들의 수술을 못할 뻔했는데, 대학생들의 일일 찻집과 아버지 회사에서 성금을 보내주셔서 수술할 수 있었다. 내심 숨기고 싶은 이야기였는데, 나의 어린 시절을 오랜만에 이야기하려니 코끝이 찡해진다.

그래서 아이들에게 매달 떡볶이를 보내주기로 약속했다. 생일을 잘 모르는 아이들도 있어서 한 달에 한 번씩 생일파티를 해주고 싶다는 바람이었다. 그래서 보육원을 다녀온 1년 동안 지금까지 한 달에 한 번씩은 떡볶이 먹는 날이 생겼다. 그리고 활동하는 사진을 인스타에서 보고 같이 도와주고 싶다고 옷도 보내주시고, 연말에 성금도 보내주신 분도 생겼다.

오른손이 한 일을 왼손이 모르게 하라는 말이 있지만 나는 오른손이 한 일을 왼손도 알게 하고 언니 손도 알게 하는 사람이다. 나 혼자 좋은 일 하면 적은 금액이지만 한 사람이라도 더 동참한 금액은 더 많은 사람을 도울 수 있고, 더 많은 아이를 웃게 해줄 수 있는 일이기 때문이다.

나도 성공하면 돕고 살아야지, 라고 말만 하면서 먹고사는 데 급급해 잊고 살았다. 살아생전 아버지도 많이 베풀고 살아야 한다고 술만 먹으면 말씀하셨는데 이제야 행동으로 옮길 수 있음에 나는 더 행복하다. 더욱이 불우이웃의 마음을 알기에 인정을 베푼 사람들의 고마움을 더 잘 안다. 배고팠던 사람이 설움을 아는 것처럼 떡볶이 한 그릇이라도 결식

아이들에게 도움이 될 수 있음에 감사하다. 장사가 안 되는 날에도 아이들에게 배부르게 줄 수 있는 날이면 부자가 된 것처럼 기분이 좋아진다.

돈 벌고 성공한 후 돕겠다고 생각한다면 지금 당장 행복할 시간을 놓치고 있는 것이다. 단 한 가지라도 도울 수 있다면, 그때부터 행복이 시작된다. 행복은 미래의 목표가 아니라 지금 바로 만들 수 있는 것이다.

나눌수록 냉장고는 비워져도 마음의 밥솥은 채워져 따뜻해진다. 눈이 오면 높은 곳에 사는 사람들이 걱정되고 비가 오면 낮은 곳에 사는 사람들이 걱정되는 게 당연한 마음이다. 모든 사람을 도울 수는 없지만, 우리 동네에서 배고픈 아이가 없기를 바라는 마음이다. 가게를 시작한다면 밥 한 그릇 내어주고, 한 달에 만 원이라도 남을 위해 쓸 수 있는 저금통은 꼭 두시길 바란다.

# 물 한잔 아끼지 마세요

**물 한잔 얼음 하나 아껴서**

**큰 부자 될 생각 말고 많이 베풀며 선한 부자가 되자.**

여름에 파지를 줍는 어르신들을 종종 만난다. 가게에서는 매일 재료를 받기 때문에 종이상자가 많이 나오는데 내놓기 바쁘게 주우러 오는 분들이 많다. 그중에 노부부가 있는데 그날은 밤 11시가 되었을 때쯤 가게 문을 두드리는 거였다.

"혹시 사장님 물 한 그릇 얻어먹을 수 있을까요?"
할머니가 들어왔다.
"물론이죠. 들어오세요….."라고 했더니 아니라고 밖에서 먹겠다고 물컵만 받아가신다.
이야기를 들어보니 할아버지가 당뇨가 있는데 목이 마르

고 어지럽다고 한다고 물 한잔만 달라고 했다.

"잠시만요." 하고 바로 얼음을 한두 개 넣어서 큰 컵에 물 한잔을 드렸다. 할아버지에게 달려가는 할머니의 발걸음이 급해 보였다. 할아버지께 먼저 물을 마시게 하고 할머니가 드시려는 모습이 보였다. 나는 빨리 정수기로 가서 한잔을 더 떠왔다.

"어르신 여기 한잔 더 있어요." 천천히 드시라고 했더니 연신 고맙다면서 이 밤에 슈퍼 문 연 곳도 없고 불 켜져 있는 곳이 여기 밖에 없어서 들어왔다고 했다. 사실 우리 동네에서 우리 가게가 제일 문을 늦게 닫는다. 가로등 불도 없어서 밤늦게까지 켜고 있는데 동네 지키는 홍반장 같기도 하다.

어르신은 물을 드신 후 낮에는 너무 더워서 밤에 파지를 주우러 나왔다고, 자식들이 이걸 알면 싫어해서 몰래 해야 한다고, 슬슬 운동 삼아서 나왔다고 연신 말씀하셨다. 파지 줍는 일이 혹시 자식들 욕 먹이는 일이 될까 봐 염려하는 말씀이었다.

나의 시부모님도 동사무소에서 쓰레기 줍는 일을 하시는

데 생활비를 드린다고 해도 내 손으로 만 원이라도 벌어야 사람 노릇을 하는 것 같다고 끝까지 하신다. 어르신의 운동 삼아서 나왔다는 말이 다들 말 못할 사정이 있다는 말처럼 들렸다.

"어르신, 항상 저는 늦게까지 있으니 언제든지 오세요. 물 한잔은 얼마든지 드릴 수 있습니다."라고 말하고 손에 콜라를 쥐여 드렸다. 당뇨가 있다시니 혹시라도 어지러울 때 콜라가 필요할 수도 있을 것 같았다. 그렇게 만난 어르신은 여름밤 파지를 줍는 동안 몇 번 오셨다.

우리 가게의 얼음물은 찾는 분이 두세 분 더 있다. 특히 여름에 택배하는 사장님들, 그리고 건너편 족발집 사장님, 배달 대행 사장님들이다.

인터넷으로 저렴한 재료를 구매하는 일이 있어서 종종 택배 사장님들을 만나는데, 여름에는 꼭 얼음물 한잔 드시고 가시라고 큰소리로 외친다. "괜찮습니다. 바빠서 이만." 하고 도망가시면 얼음물을 들고 택배차 있는 곳으로 달려간다.

"시원하게 드시고 가세요." 하면서 운전석 창문으로 물 잔을 들고 기다린다. 어느 하루는 그 택배 사장님이 남편과 술자리에서 만났다.

"떡볶이 여사장 참 고맙더라. 김 사장님 복 받았어."라며 남편에게 감사의 인사를 하더란다. 남편은 기분이 좋아서 그날 술값을 내고 왔다.

그리고 얼음을 찾는 분이 있는데 건너편 족발집 사장님이다. 족발의 신선도를 위해 냉동이 아닌 냉장 족발만 사용하기에 냉동고가 없다. 그래서 여름에는 얼음도 얼릴 수가 없다. 그리고 에어컨은 누진세 맞을까 봐 시원하게 틀지도 못한다. 그래서 얼음물로 버티는데 얼음을 빌리러 우리 가게에 종종 오신다. 얼음을 빌린 대신 항상 족발이나 쟁반국수로 갚아주셨다.

가끔 족발 먹고 싶어서 시키면 소자로 시켜도 대자로 오고, 쟁반국수 맛보기로 달라고 해도 만 원짜리 본 품으로 주셨다. 아쉽게 족발집 사장님은 올해까지만 장사를 하고 접었다. 버티다 버티다 몸이 힘들어서 더 이상 할 수 없다고 하셨다. 그래서 우리 가게 얼음이 자꾸 남게 되었다.

그리고 배달 대행 기사님들께도 꼭 얼음물 한잔씩을 드린다.

사실 배달 대행 기사님들의 이야기를 들으면 택시도 해봤고, 사업도 해봤고, 크게 식당도 해봤다는 분들이 많다. 그런데 사람이 힘들어서 대행 뛴다는 분들도 있다. 문 앞에 놓고 오면 되고, 잠깐 음식을 줄 때만 손님을 보면 되니까 사람들에게 상처받을 일이 적다고 한다. 그분들에게도 저녁시간 바쁘더라도 배고프실 텐데 달걀 하나 드릴까요?라고 말 한마디 걸어드린다. 그것이 어렵다면 얼음물이라도 한잔 드시고 가시라고 꼭 권한다.

물 한잔 얼음 하나 아껴서 큰 부자 될 생각하지 말고, 사람을 위하는 마음이 부자가 되는 첫 번째 마음이라고 생각한다.

# 바르고 아름다운 길, 장사

## 가진 게 많은 것처럼
## 사는 게 쉬워 보일까?

재료가 떨어져서 일찍 마감한 날이었다. 주말 아르바이트생에게 떡볶이와 순대를 싸주면서 퇴근하려는 참이었는데 그때 가게 문을 빼꼼히 열고 손님이 들어왔다.

"끝났어요? 떡볶이 남은 거 없어요?"라고 묻는다.

"아 네, 죄송합니다. 지금 막 끝났네요." 그리고 돌아설 줄 알았는데, "진짜 하나도 없어요?" 하고 들어오지도 못하고 문을 반쯤 열어 다시 묻는다.

다시 보니 동네 택배 아저씨였다. 우리 가게로 택배가 많이 오다 보니 얼굴을 익히고 있었다.

이분은 우리 동네에서 제일 일찍 나와서 늦게까지 일하시는 분인데 열심히 일해도 좋아할 마누라도 자식도 없다고 했다. 그날은 노래방에 가서 양주를 마시며 돈을 썼다고 한다. 그렇게 두어 시간 동안 놀고 들어가는 길에 허한 마음이 들었는지 우리 가게를 들렀다. 처음에는 재료가 떨어져서 빈손으로 돌려보낸 적도 있었는데, 오늘은 빨갛게 취해 숙기가 생긴 얼굴로 "진짜 없어요?" 묻는 말에 목이 탁 걸렸다.

"사장님, 들어가시는 길에 한잔 더 하시려고요?"
"막걸리 한잔만 더 먹고 자려고요."

그래서 아르바이트생에게 주려고 했던 순대를 빌려서 "이거라도 괜찮으실까요?"라고 건네주었다. 얼마냐고 묻길래 괜찮다며 따뜻한 순대를 두 손으로 겹쳐 들고 손을 꼭 잡아 드렸다. 노래방에서 50만 원이나 썼다고 하는데, 마셔도 즐겁지 않은 술과 농담 몇 마디에 우리 가게 아르바이트비 한 달치를 쓰고 오셨다. 결국 서늘한 마음만 남아 캄캄한 방에 홀로 불 켜는 것이 겁나서 막걸리 한 병과 순대를 사 들고 가신다.

50만 원 양주와 5000원짜리 순대 한 팩. 가진 게 많다고 사는 게 쉬워 보일까? 어떤 부자가 나에게 한 말이 있다. 사실 잃을 게 없는 사람처럼 사는 게 제일 편한 사람이라고. 나는 사실 가진 게 많은 사람보다 잃을 게 없는 사람처럼 사는 게 편하다. 싸구려 양주보다 비싼 막걸리가 낫다는 것이다.

제주도 여행을 갔을 때 스카이라운지가 있는 술집을 초대받아 간 적이 있다. 와인을 시켜주나 했는데 막걸리가 나왔다. 남들은 높은 곳에서 와인을 먹겠다고 하겠지만 진짜 고수는 이 높은 곳에서 막걸리와 순대를 먹는다고 하면서 웃었다.

매슬로의 욕구설 중 첫 번째는 생존 욕구이고 인정 욕구가 지나면, 최종 단계가 자아실현과 나눔의 욕구다. 사람들이 채우고 싶은 욕구를 알게 되면, 속을 채워주고 마음을 채워주는 장사를 할 수 있다.

오늘의 순대가 비싼 막걸리와 먹는 고급 안주이기를, 하루를 위로해주고 따뜻한 음식이 되길 바란다. 이것이 바르고 아름다운 길, 장사하는 지름길이다.

# 하루에 한 사람 돕는 것이 목표입니다

**어떻게든 살아낼 것!**

행복의 반대말은 불행이 아니라 불평이다. 가진 것보다 없는 것에 불평하는 일, 그것이 나를 불행하게 만들고 있었다. 나는 이미 내 손을 떠난 것은 포기하고, 지난 것에 마음을 두지 않는다. 대신 살아낼 방법을 찾기로 마음을 바꿨다.

사는 게 아니라 살아내는 것이라고 말하는 것도 살아내는 방법을 찾아내는 각오이기 때문이다. 나를 만나면 이렇게 묻는 사람들이 있다. "어쩜 그렇게 에너지가 넘치세요? 힘든 일이 없으셨을 거 같아요."

사실 나는 눈을 감아야만 볼 수 있는 가족이 있다. 남동생이 스스로 삶을 포기한 날, 나에게 전화를 했는데 늘상 술먹고 전화하는 거라고 생각하고 전화를 받지 못했다. 그런데 다음 날 경찰서에서 전화가 왔다. 시신을 확인하는 사인을 해야 장례를 치를 수 있다고 했다.

그때 내 나이 서른두 살이었는데, 누군가의 보호자로 사인을 하기에는 겁이 많이 났다. 엄마는 쓰러질까 봐 내가 손을 떨면서 현장 사진을 보고 사인했다. 그 뒤로 나는 10년 동안 그 장면이 떠올라서 잠을 이룰 수 없었다. 내가 낮과 밤이 바뀐 생활처럼 보이지만 사실 잠을 못 자는 이유이기도 하다. 이것이 나에게 주는 형벌이라 생각했다. 너는 잠을 자서는 안돼, 라고 나에게 다그치는 형벌은 아마 누군가를 살리게 된다면 멈출 수 있을 것만 같았다.

그래서 나의 목표가 지금 한 사람이라도 살리는 일이 되었다. 밤잠 못 이루는 사람들에게 다가가 한 줄의 댓글을 달고 말을 걸어준다면 살릴 수 있지 않을까 찾아다녔다. 나의 글과 댓글에 힘을 얻은 분들을 보며 처음에는 나랑 꿈이 닮은 사람들이라 생각했는데 알고 보니 통증이 같은 사람들이었다. 내가 살아낸 것처럼, 그들도 살아내고 있었다. 그들에게 자주 해주는 말이 있다. "나도 살아, 그러니까 언니도 살아!" 이 말이 위로가 될지는 모르겠지만 나와 같은 사람이 다시는 나오지 않길 바라는 마음으로 나는 하루에 한 사람이라도 돕고 싶다.

세상을 바꾸는 것은 긍정적인 사람이 아니라 긍정적이고 적극적인 사람이다. 나와 같이 적극적으로 손잡아 주는 사람이 나오길 바란다. 그리고 한 사람을 잃었지만 열 명을 살릴 수 있다면 나의 경험이 결코 헛된 것이 아니라고 믿고 싶다. 나의 책 또한 나와 같은 장사하는 분들, 포기하고 싶은 분들을 더 많이 살릴 수 있기를 바라며 책 출간을 결심하게 되었다.

혹시라도 내가 없다면 책장에 꽂힌 이 책의 한 문장이 당신에게 다시 살 수 있는 힘이 되어주길 바란다. 내가 살아낸 것처럼, 당신도 살 수 있다. 당신도 할 수 있다!

# 복권을 선물해주는 손님

**사장님에게도**

**좋은 일이 생기면 좋겠어요.**

새해가 되면 "사장님, 가게 오래 해주세요."라는 인사를 많이 받는다. 그 말을 들을 때마다 조금만 더 해볼까? 이 맛에 장사하지! 하면서 9번째 새해를 맞이하고 있다.

손님들로부터 칭찬을 받으면 "나는 장사 체질인가 봐" 하면서 장사하길 잘했다는 생각도 한다.

어느 날은 나의 짧아진 커트 머리에 놀란 손님이 있었다.

"어머! 사장님, 머리 자르셨어요?"

"네, 한 번 자르기 시작하니 자꾸 짧아지네요."

사실 가게를 시작했을 때는 웨이브를 할 수 있는 긴 머리였는데 식당을 시작하면서 어깨 위 단발로 자르다가 그것도 불편해서, 결국 커트를 했다. 음식에서 머리카락이 들어갈까 봐 위생을 위해 긴 머리를 포기할 수밖에 없었다.

일주일 한 번 쉬는 날에는 웨이브도 하고 예쁜 원피스도 입고 사진도 찍고 싶지만, 일주일 중에 6일은 가게에서 일하는 날이 더 많으니 그에 맞춰서 머리길이가 점점 짧아졌다.

한번 자르기 시작하니까 짧은 머리가 편해졌다. 왜 나이가 들수록 다들 커트 머리를 선호하는지 알 것 같다. 잘나가는 가게의 사장님들은 짧은 커트 머리와 금팔찌를 하고 있다는 말을 들은 적이 있다.

나는 괜찮은데 머리가 짧아진 모습에 긴 머리의 예쁜 손님은 아쉬운 말투였다. 잠깐 나갔다 온다고 한 후 손님은 10분 뒤에 돌아왔다.

"떡볶이 나왔습니다."라고 건네니 긴 머리 손님이 가방에서 무언가 주섬주섬 꺼낸다.

야광 핑크에 1등 5억이라고 쓰여 있는 즉석복권이었다.

"어머, 저에게 복권 주시는 거예요?" 하고 놀라니

"사장님에게도 좋은 일이 생겼으면 좋겠어요."라고 말한다.

나에게 왜 복권을 주는지 물었더니

"지난번에 꽃도 주시고, 서비스도 잘해주셔서요."라고 다정하게 말한다.

"어머나, 세상에! 꼭 긁어볼게요" 하면서 같이 웃었는데 손님이 돌아간 뒤에도 차마 긁지는 못했다. 복권보다 좋은 일이 생겼으면 좋겠다며 행복을 빌어주는 손님의 따뜻한 말을 오래 기억하고 싶었다.

말 한마디가 또 나를 일으켜 세웠다. 누구나 동네 사장님들에게 복권보다 복 주는 말 한마디는 할 수 있을 것이다. "사장님 덕분에 잘 먹고 있어요. 맛있어서 또 왔어요. 늘 고맙습니다." 이런 말을 얼마든지 할 수 있다.

행복을 전하는 말은 말하는 사람도 행복하게 해준다. "사장님, 가게 오래 해주세요."라는 말을 들을 때는 그동안의 수고에 토닥토닥해주는 기분이 들었다. 이것이 바로 손님들이 만들어준 브랜딩이 아닐까?

우리가 가게를 처음 차렸을 때 "이 동네는 오래 버티면 무조건 살아남는다." 소주 한잔하면서 조언해준 분도 있다. 그래서 같이 버텨낼 수 있을 거라 생각했는데 코로나에 아르바이트도 없이 혼자 버티다가 결국은 가게를 내놨다. 이제 이 동네에 10년 넘게 장사한 사람은 두어 팀밖에 남지 않았다.

다음은 내 차례인가 하는 생각에 걱정이 되기도 한다. 나도 곧 10년을 앞두고 있는데 아직 버틸 만하다고, 괜찮다고 위로하고 있지만 이렇게 하나둘 떠나는 것을 보면 천천히 대비를 해야겠다는 마음이 들기도 한다.

장사는 돈이 아니라 사람을 남기는 일이라고 다짐했던 그 마음을 다시 붙들어야 한다. 마음이 흔들릴 때 고맙게도 이렇게 천사처럼 말해주는 손님들이 있다. 새해를 맞이하면서 커피 드립백에 눈사람 그림을 그려서 '사장님 장사 오래 해주세요'라고 새해 선물해주신 분도 있고, 코로나로 회사에서 배달을 못 시켜 먹고 있다고 해도 내년에는 코로나 해제되고 다시 보자며 새해 인사를 해주시는 분들도 많다.

봄에는 벚나무 앞에서 떡볶이가 식을까 봐 품에 안고 오는 사장님 모습을 기다린다고 하고, 눈이 오는 날에는 손을 호

호 불며 기다리는 사장님의 모습을 기억한다고 했다. 우리 손님 중에는 비나 눈이 오면 배달 하시는 분이 걱정돼서 미안해서 못 시킨다는 분도 있다. 안 그래도 되는데 내가 손님에게 마음을 쓰는 만큼 손님도 나의 가게에 마음을 써주고 있었다.

우리는 서로 마음이 닮아서 이렇게 오래 장사를 하고 있다.

# 손님 없으면 책부터 펼칩니다

**최고의 작가는 잘 쓰는 작가가 아니라
잘 팔리는 작가다.**

아픈 사람이 더 아픈 사람을 알아본다고 하던가. 나도 겪고 보니 나와 같은 사람들이 자꾸 보인다. 그래서 사람들에게 말을 걸며 책을 선물하게 되었다. 칠흑같이 캄캄한 밤, 책을 통해 1분이라도 누군가의 이야기를 읽다보면 오늘을 버틸 힘이, 내일을 살아낼 에너지가 생긴다. 그러면서 나는 장사로 돈 많이 버는 것보다 사람 살리는 일에 의미를 두기 시작했다. "너를 만나서 다시 살고 싶어졌다."는 말이 참 좋고 환하게 미소를 지어줄 때 나도 잘살아야겠다는 생각이 든다.

어떤 손님이 우리 가게에 있는 책을 보고 이 책을 줄 수 있냐고 물었다. 미안하지만 선물 받은 책이라 드릴 수가 없고 다른 책을 권해드리며 나의 이야기를 해드린 적이 있다.

"그런데 사장님, 왜 죽으려고 하셨어요?"라고 대뜸 묻는다. 처음 보는 분인데, 이렇게 다 얘기해도 되나? 잠깐 고민이 됐다.

'그런데 혹시 이분도?' 나의 이야기에 '왜'라고 물어보는 사람들은 같은 통증을 느끼는 사람들이다. 신기하게도 서로를 알아볼 수 있다.

"네, 저도 작년에 돌 반지를 팔 정도로 힘들었어요. 이제서야 무르팍을 털고 나오기 시작했는데 사장님은 어떻게 일어나셨는지 궁금해서요."

어린아이가 넘어졌을 때, 아이고 하면서 바로 손을 내밀어주는 장면이 생각났다.

'오늘은 이분이구나. 수상한 떡볶이 가게 사장은 하루 한 사람이라도 친구가 되어준다.'

사실 책보다 좋은 것은 이겨낸 사람들이 직접 들려주는 이야기다. 손님을 테이블로 앉히며 컵에 얼음을 두어 개 넣고 쿨피스를 주며 이야기를 시작했다.

쿨피스를 따라주는 손에는 하얀 팔찌를 차고 있는데 흉터가 보이지 않게 가리기 위한 것이다.

"저는 마흔 살 되기 전 제일 힘들었어요. 연체와 독촉장을 받고 있었죠. 작년뿐만 아니라 매달, 매년 허덕이며 살았어요. 한번은 인생 뭐 있어, 떵떵거리면서 살고 싶어서 가상화폐 투자까지 하게 됐는데 잘못됐지요.

문제는 내 돈이 아니라 빌린 돈이라 버틸 수가 없었어요. 은행에서 빌린 돈으로 아파트 담보대출을 받았는데 세입자에게 돈을 주지 못해서 결국 아파트를 날렸어요. 그 집은 사실 저희 언니가 들어가 살 집이기도 했는데 하루아침에 살 집이 날아가버렸어요. 가족들의 원망이 이만저만이 아니었겠죠. 그때가 세 번째 죽으려고 했던 날인 것 같아요. 나도 잘해보려고 그런 건데 그 허황한 꿈들이 나를 힘들게 한 거죠."

그때는 뭘 해도 안 되는 시기였다. 하늘도, 세상도 도와주지 않는 것 같아서 죽기를 선택한 날이었지만, 너무 억울해서 돈을 잃은 이유라도 알고 싶어졌다. 나와 비슷한 환경에서도 성공한 사람들은 분명히 있으니까 방법이 있을 것 같았다. 부자들은 부자 된 비결을 알려주지 않는다던데, 그래도 한 사람이라도 알려주는 사람이 있을 거라며 책장에서 보이는 책을 꺼내서 읽기 시작했다.

한 권을 읽고 답이 나오지 않자 "그래서? 왜!"라는 궁금증이 꼬리를 물면서 또 다른 책을 읽었다. 6개월 만에 책 100권을 읽고, 서평도 써봤다. 서평을 쓴 건 뒤돌아서면 잊어버릴까 봐 메모해둔 것이 시작이었다. 블로그에 모아두고 생각날 때 단어를 검색하면 찾을 수 있도록 정리를 했다. 흩어져 있는 퍼즐 조각을 맞춰서 하나로 만들기 위해 모아둔 것이다.

사실 책을 읽기 시작했을 때, 이미 통장도 압류가 되어서 만 원도 없었다. 휴대전화 결제를 해서라도 책을 읽고 싶었다. 그래서 책값을 벌려고 서평단 모집을 신청하고 서평을 정성스럽게 남기기 시작했고, 돈이 없던 나에게 책 선물은 정말 고마운 일이었다. 떡볶이 아줌마가 책을 좋아하게 된 것도, 책을 선물하게 된 것도 고마운 사람들 덕분이다.

"그러셨군요. 그래서 돈을 잃은 이유를 찾으셨나요?"라고 손님이 묻는다.

"네, 그건…. 돈을 빨리 벌고 싶어 했던 욕심이었어요. 제일 빨리 부자가 되는 방법은 빨리 부자가 되려는 마음을 버리는 용기입니다."

혹시라도 나의 책을 읽고 하루아침에 백만 원을 벌 거라는 욕심이 생겼다면 과감히 버리시길 권한다. 작고 사소한 방법으로 나는 한자리에서 9년째 장사하고 있다. 매일 한 가지씩, 한 달에 한 번이라도 새로운 것을 했다면 100번의 시도를 하고 넘어지고 다시 일어나면서 100가지의 방법을 익힌 거다. 그동안 만난 만 명의 손님들 덕분에 다시 일어날 수 있었다. 그러니 여러분은 이 책을 통해서 빨리 돈을 벌려고 하는 방법보다 한 가지라도 꾸준히 할 방법을 찾기 바란다.

손님이 없다면 오늘 내가 잘못한 것이 아니라, 어제 또는 한 달 전부터 문제가 있었던 것이다. 그 원인을 찾기 위해서 책을 먼저 펼쳐보자. 지금부터 시작하지 않으면 한 달 뒤에도 나는 같은 고민으로 가게를 지키고 있을 것이다.

# 장사는 하는 것이 아니라
# 해내는 것이다!

장사는 FAKE가 아니라 MAKE를 만들어야 한다.

이 책을 읽고 '장사 잘하네' 하고 끝날 것이 아니라 나도 한번 해볼까? 나도 내일 오는 손님에게 하이톤으로 밝게 인사 해볼까? 날이 춥죠, 라고 말 한마디 걸어볼까? 음식에 손님 이름을 써볼까? 생각이 들었다면 바로 행동으로 옮겨봐야 한다.

이 책을 읽고 실행해본 것을 인스타와 네이버에 인증사진으로 남겨주시는 분이 있다면 나 또한 댓글로 마음을 전달할 예정이다.

하루에 한 개씩만 배운다는 생각으로 한 개씩 실천해보자.

이 책의 가치를 만드는 것은 여러분의 손에 달려 있다. 이 책에 밑줄도 치고 메모도 하고 귀퉁이도 접고 손때도 묻어 있길 바란다. 중고서점에 팔 생각은 하지도 마라. 책은 아껴서 보는 게 아니다. 기름때가 묻어도 좋고 떡볶이 국물이 튀어도 괜찮다. 그만큼 자주 봤다는 것이니 손때가 묻은 책이 그대로 당신의 책이다.

책의 주인은 작가가 아니라 독자다. 당신이 이 책의 주인이 되어 "이 책을 읽고 저도 100만 원 벌어봤어요."라고 인증해주길 바란다. 당신의 성공한 흔적이 있어야 내가 떡볶이를 뒤집으면서 책을 쓴 보람이 생긴다.

삶은 기름처럼 흔적이 남아야 한다. 물처럼 흘러가 버리면 기억조차 남지 않는다. 흔적이 남아야 길이 된다. 장사하는 분들은 몸에 기름칠해가면서 길을 만들어가는 사람들이다. 흔적이 남은 이 길이 여러분의 새로운 길을 만드는 이정표가 되길 바란다.

그리고 "오늘은 장사가 잘된다. 손님들이 많이 온다." 아침에 외치고 200원씩 결식아동 기부하는 저금통에 넣고 시작할 것! 사소한 것을 사소하게 다루지 않을 때 인생도 사업도 잘되는 법이다.

작은 가게에서도 꾸준한 수익을 올리고 웃으면서 장사하는 이야기, 수상한 떡볶이집 주인의 성공 비결이 곧 당신의 이야기가 될 것이다.


장사해줘서 고맙습니다.
살아내줘서 고맙습니다.

# 떡볶이 팔면서
# 인생을 배웁니다

**1판 1쇄 인쇄** 2023년 4월 25일
**1판 1쇄 발행** 2023년 5월  4일

**지은이** 도정미

**발행인** 양원석
**편집 출판기획실  표지디자인** 이재원
**영업마케팅** 양정길, 윤송, 김지현, 정다은, 박윤하

**펴낸 곳** ㈜알에이치코리아
**주소** 서울시 금천구 가산디지털2로 53, 20층 (가산동, 한라시그마밸리)
**편집문의** 02-6443-8842    **도서문의** 02-6443-8800
**홈페이지** http://rhk.co.kr
**등록** 2004년 1월 15일 제2-3726호

ISBN 978-89-255-7654-1 (03320)